股票期权实战绝杀技法

连升◎著

中国经济出版社
CHINA ECONOMIC PUBLISHING HOUSE
北 京

图书在版编目（CIP）数据

股票期权实战绝杀技法 / 连升著．
北京：中国经济出版社，2018.5
ISBN 978－7－5136－5197－4

Ⅰ.①股… Ⅱ.① 连… Ⅲ.①期权交易 Ⅳ.①F830.91

中国版本图书馆 CIP 数据核字（2018）第 099933 号

责任编辑　杨　莹
策划编辑　金　珠
文字编辑　郑潇伟
责任印制　巢新强
封面设计　久品轩

出版发行　中国经济出版社
印 刷 者　北京力信诚印刷有限公司
经 销 者　各地新华书店
开　　本　710mm×1000mm　1/16
印　　张　8.25
字　　数　70 千字
版　　次　2018 年 5 月第 1 版
印　　次　2018 年 5 月第 1 次
定　　价　48.00 元
广告经营许可证　京西工商广字第 8179 号

中国经济出版社　**网址** www.economyph.com　**社址** 北京市西城区百万庄北街 3 号　**邮编** 100037
本版图书如存在印装质量问题，请与本社发行中心联系调换（联系电话：010－68330607）

前言 PREFACE

千万不要错过

——我心永恒

自1994年8月，在大学读书时进入股票市场后，我就几乎未离开这个市场，因为股市真的是太吸引我了！

记得1994年的股市还没有涨跌停板的限制，当时的股市中差不多每天都有股票涨跌50%或更多的现象出现，而且还是沪强深弱的情况。当时动荡的市场，培育了我强大的内心！

在股票市场上，那种波澜壮阔的拉升、凄风苦雨的暴跌、惊心动魄的震荡、缠绵萦怀的盘整，都很磨炼人的意志。这些收获是用金钱永远也买不到的。正如一位哲学家所说，物质的原因和结果不过是刀柄，而精神的原因和结果，那才是真正锋利的刀刃！

而恰恰是这种诡诈多变、跌宕起伏、包罗万象、冷暖无情的市场吸引了我！

在二十几年的风风雨雨中，我从一个小散户随着中国股市走到现在，真的不容易，洒下的汗水和泪水不是用言语所能表达的。但我深知，只要有一颗永恒不变持之以恒的心，就一定能够成功。因为我认为，我们人类是一定要有探究精神的。在难以琢磨的股市表象背后，势必隐藏着内存的规律。

当我看到美国人马斯克凭借他的梦想，把猎鹰重型火箭发射升空，让第一节火箭稳稳地回收并落在地上的那一幕，被彻底震撼了！马斯克这种不惧困难、持之以恒的探索精神深深地感染了我！

只有内心深处存有永恒的梦想，只有为这种梦想持续不断地努力，才能真正走向人生的巅峰！

现在，中国股市经过二十多年的发展，股票期权又为中国股民带来了新的希望。相信在股海中沉浮的股民朋友能够利用好这个机会，千万不要再错过，“天与不取，反受其咎；时至不行，反受其殃”。

希望对股票期权还不熟悉的股民朋友通过这本书，能够在股票期权市场上获得成功！

本书得到了编辑金珠老师的大力帮助，对此表示十分感谢！

连　升

2018 年 4 月于深圳

目录 CONTENTS

前言　千万不要错过——我心永恒　/1

上　篇
股票期权简介

第一章　期权的历史和发展　/3

第一节　古代期权历史　/3

第二节　近代期权历史　/5

第三节　现代期权历史　/7

第二章　我国期权的情况　/12

第一节　我国期权的发展历史与现状　/12

第二节　我国股票期权近年的发展　/17

第三节　我国股票期权的特点　/20

第四节　股票期权对A股市场的意义　/23

第五节　股票期权对个人投资者意义　/27

第三章　影响股票期权价格的主要因素　/30

中　篇

股票期权实战关键战法

第四章　国外期权的买卖方法大全　/37

第一节　看涨期权　/37

第二节　国外期权的中高级策略　/42

第三节　看巴菲特等大师如何玩转期权　/45

第五章　三种关键的股票期权战法　/54

第一节　最稳健的获利战法　/55

第二节　最大最快的获利战法　/65

第三节　中国式波动率获利战法（连升独创）　/73

下　篇

《孙子兵法》在股票期权的运用

第六章　造　势　/83

第七章　速　战　/92

第八章　智　战　/94

第九章　心　战　/97

附录　中国对西方金融战争的战略战法　/100

股票期权名词解释　/118

后记　英雄论　/124

股票期权简介

第一章

期权的历史和发展

第一节　古代期权历史

期权作为一种衍生品，有着漫长的历史。最早关于期权交易雏形的记录可以追溯至公元前一千多年，在《圣经·创世纪》中已有记载。此外，第一位被文字记录利用期权交易致富的投机者是公元前500多年的古希腊著名哲学家和天文学家塔尔斯。

塔尔斯通过其擅长的占星术，在尚未入冬时就预测到第二年的橄榄将会大丰收。他在冬季就以低价取得了希俄斯岛和米利塔斯春季所有压榨机的使用权。由于当时远未到收获季节，没有人觉得有必要为了压榨机的使用权而去竞价，于是塔尔斯以很低的价格取得了这些期权合约。

但塔尔斯当时储蓄很少，因此，他几乎用尽了自己的积蓄。第二年春天，橄榄果然获得大丰收，而每个人都想用压榨机。这时，塔尔斯开始执行他的权利，将压榨机以高价出租，获得了极为丰厚的回报。由此可见，期权交易早在公元前就已被社会所认可了。

第二节 近代期权历史

如果说公元前的期权交易还只是处于雏形阶段，很多交易都出于投机目的，那么在近代发生的期权交易，就主要是为了管理价格波动风险。有记载的最早利用期权进行风险管理的事件，发生在17世纪30年代末期的荷兰。

在17世纪，作为身份象征的郁金香受到了荷兰贵族的追捧，批发商们普遍出售郁金香的远期合约。由于从种植者处收购郁金香的成本价格无法事先确定，对于批发商而言，事先确定郁金香的售出价格需要承担较大的风险，所以一些批发商从种植者处购买郁金香期权，这种期权赋予购买者在未来特定时期内，以约定的价格从种植者处购买郁金香的权利。这意味着购买了郁金香期权的批发商可以在未来根据郁金香的市场价格做出是否进货的选择。

如果郁金香的市场价格高于期权合约的约定价格，则以合约约定价格从种植者处购入郁金香；如果郁金香的市场价格低于期权合约的约定价格，则批发商让期权合约过期作废，批发商能够以更加低廉的市场价格购入郁金香。

从现代风险管理的观点来看，批发商这样的做法实际上是利用郁金香期权合约来对冲所持有的郁金香远期合约头寸的风险。

第三节　现代期权历史

在18世纪末期，美国出现了第一个松散的期权市场，开始场外的股票期权交易。1973年，世界第一个期权交易所——芝加哥期权交易所（CBOE）成立，这标志着有组织的、标准化的期权交易时代开始。

在此后的近40年里，以股权类期权为代表的金融期权取得了迅猛的发展，期权作为一种基础金融衍生工具已经为投资者所接受，并被广泛地应用于风险管理和投资管理等诸多领域。

1. 美国场外期权市场发展阶段

1791年，美国纽约股票交易所成立，随着股票交易的火热，股票期权的场外交易也很快流行起来。由于当时不存在期权的中心交易市场，市场依靠那些为期权的买家或卖家寻找对手方的经纪商而得以运行。

可以想象，场外交易的每个期权合约都互不相同，比如到期时间、合约规模以及执行价格等条款，因此，每一笔交易的谈判过程都相当复杂。另一方面，由于缺乏权威的定价标准和统一的竞价系统，买卖双方为了达成成交价格通常要花费大量的时间和精力。

此外，由于场外期权存在种种非规范性，导致一些内幕交易的发生。1929 年，美国证券监管委员会（SEC）成立，并开始对包括期权在内的整个证券市场进行调查。SEC 最终的调查结论是，期权并非只是一种投机工具，期权作为一种金融工具，有其存在的价值和必要性。

2. 场内期权市场的出现与发展

在证券交易委员会（SEC）开始监管场外期权市场后不久，发给芝加哥期货交易所（CBOT）一份永不过期的执照，即注册成立一家全国性的证券交易所。

然而，CBOT 一直没有利用这一执照的优势，直到 1968 年，CBOT 想要扩展其他业务途径，才考虑是否需要成立一家新的交易所以专门从事期权交易。最终，在 1973 年，全球第一家场内期权交易所——芝加哥期权交易所（CBOE）成立，并且，CBOE 是独立于 CBOT 运行的。

在刚开始有不少人怀疑 CBOE 的未来，也有人怀疑成立 CBOE 的必要性。起初的 CBOE 其实只是由 CBOT 的一间吸烟室改建而成，在成立后不久，其业务便发展迅速，会员数量不断增加。很快，CBOE 的成功就超出了所有人的预期，也迅速使得当初的怀疑者不再出声。

1974 年 12 月，开业的第 20 个月，CBOE 开始第一次搬家，即进入经过扩展的 CBOE 大楼。

1974 年，CBOE 发布了一份由南森公司所做的《回顾芝加哥期权交易所股权类期权上市交易》的报告，即《南森报告》。《报告》从期权以及整个证券市场的实证分析入手，证明了期权对于金融市场的重要作用。这份《报告》由于数据充足、内容详实，常常被引用。

1981 年，美国国会要求美国财政部支持，由商品期货交易委员会（CFTC）、证券交易委员会（SEC）、美联储（FED）联合开展一项关于期货和期权市场对美国及工商界影响的课题。

调查与研究历时近三年，四大联邦机构最终于 1985 年联合推出一份报告——《期货和期权交易对经济的影响研究》（A Study of the effects on the economy of trading in futures and options）。这份报告充分肯定了期权在市场上的地位和作用以及对经济的重要影响，得出了金融期货和期权市场确实提供了有用的社会职能的积极结论。

自此之后，美国政府在发展期货与期权新品种的问题上不再踌躇不前，各种产品不断问世，国内市场欣欣向荣，并迅速吸引了全球金融市场的目光。

3. 1973—2005 年主要期权品种年鉴

1973 年，芝加哥交易所 CBOE 成立，并推出了看涨期权。

1974 年，美国证券交易所推出股票期权交易。

1977 年，CBOE 推出了看跌期权。

1978 年，伦敦证券交易所，荷兰欧洲交易所。

1982 年，纽约证券交易所，多伦多证券交易所，蒙特利尔证券交易所也相继推出股票期权产品。

1983 年，推出了市场指数期权。

1990 年，推出了长期期权。

1995 年，香港联合证券交易所推出了首支汇丰控股期权，成为亚洲第一个做股票期权交易的市场。

2002 年，韩国开始交易股票期权，首批作为标的的股票就有三星电子、SKTelecom、韩国通信、韩国电力、浦项钢铁、国民银行、现代汽车。至今，韩国是全世界最活跃的股票期权市场，Kospi 期权合约在 2011 年交易量达到 36. 7

亿张，成为全球最活跃的合约，其他合约甚至没能接近 10 亿张。

2004 年，VIX 指数期货开始交易。

2005 年，推出了期限为一周的短期期权。

2012 年，韩国当局认为零售投资者参与的投机太多，因此，调整了合约乘数，每张合约调整以后价值增加了 4 倍，限制炒作！

所以从全球范围来看，股票期权是最活跃的衍生品。

股票期权作为一种基础的金融衍生工具，已经被普通投资者所接受。

第二章

我国期权的情况

第一节　我国期权的发展历史与现状

期权作为金融衍生品之一，对于对冲现货价格风险和金融产品价格风险有着重大意义，国外期权市场发展相对成熟，国外期权品种较为丰富，制度较为完善，这里主要与国外期权市场作对比，分析我国期权市场的发展现状。

（1）我国商品期权缺乏。目前，美国、加拿大、英国、德国、澳大利亚、印度、巴西、俄罗斯、墨西哥等国家都在推动和发展商品期权市场，商品期权的品种主要有农产品、能源、金属等。商品期权与商品期货是商品价格风险对冲的两种重要工具，这两种工具又是相辅相成的，商品期权对于规避农产品价格风险方面具有期货市场无可比拟的优越性。

虽然全球商品期权占全球期权交易总量的比重仅百分之十几，但是一个活跃、发达的金融衍生品市场需要商品期权市场的加入。我国商品期货市场近几年发展迅猛，仅2012—2014 年三大商品期货交易所就新增品种达 20 种之多，与蓬勃增加的商品期货品种相比，我国商品期权显得较为落后，但是商品期权仿真交易在 2013 年已经启动，商品期权发展指日可待，2015 年 2 月上海黄金交易所上线的黄金实物询价期权是我国首个商品现货期权。

（2）我国金融类期权有银行间市场人民币外汇期权和上证 ETF50 期权。国内人民币兑外汇期权仅在银行间外汇市场推出，在中国外汇交易中心的外汇交易系统挂牌与交易，这意味着只有银行等金融机构能直接参与期权交易，个人或企业要想参与人民币外汇期权必须通过银行办理，对于个人和企业参与人民币外汇期权的业务种类也有所限制，这默认了人民币外汇期权交易的主要参与者和主导者是银行等金融机构。

与 2011 年银行间市场人民币外汇期权推出时相比，对参与主体和交易业务的限制正逐渐放松，银行间外汇市场成员由银行机构扩容到非银行金融机构，外汇局也取消对金融机构进入银行间外汇市场事前准入许可，并允许客户通过银行卖出期权。

ETF 被称为交易所交易基金，2008 年经济危机之后全球 ETF 交易量增长显著，ETF 期权虽然出现较晚，但是具有股票期权和指数期权的特性，能满足不同类型投资者的需求，市场规模增长迅速。目前，我国上海证券交易所推出 ETF 产品约 51 种，深圳证券交易所推出 ETF 产品约 34 种，上证 50 指数交易所交易基金是挑选市场规模流动性好的最具代表性的 50 只股票组成样本股，综合反映上海证券市场最具市场影响力的一批优质大盘企业的整体状况。我国 ETF 产品的发展为 ETF 期权推出奠定基础，上证 ETF50 期权合约的标的既可以是上证 ETF50 跟踪的股票，又可以是上证 ETF50 基金份额。上证 ETF 推出是开启我国期权市场的重要一步。

从以上我国期权市场状况中可以看出，我国期权市场具有以下特点：

第一，我国期权品种不完善，商品期权仅有黄金实物期权，金融期权中只有人民币兑外汇期权和上证 ETF50 期权，由于国内利率、汇率暂未完全市场化，利率、外汇期权市场的发展缺乏发展的沃土，随着利率、汇率市场化程度加深，金融类期权市场将得到进一步发展。

第二，我国期权市场中场内市场和场外市场发展不协调，我国已推出的期权品种中除了上证 ETF50 期权在交易所场内交易外，人民币兑外汇期权交易嵌套在银行间外汇交易市场，黄金实物期权嵌套在上海黄金交易所，后两种均为场外交易，因此，我国期权场内交易有待发展。

第三，我国期货市场的发展和期权市场的匹配性不强，期货与期权的发展是紧密相连的，国外期权市场的发展历程表明很多期货品种产生于相应的期权品种之前，我国除了黄金之外的商品期货品种都没有相应的期权市场，由此说明，期货品种和期权品种缺乏连贯性。

第四，我国期权参与者门槛较高，国内人民币兑外汇期权的参与者必须有真实交易背景，并且交割方面只允许全额交割，原则上不进行差额交割。上证 50ETF 期权参与者需具备双融或金融期货交易经历，资产方面也有门槛限制。目前，黄金期权的参与者也只能是机构投资者。

期权市场位于金融衍生品市场的顶端，具有很强的专业性。我国期权市场的发展对我国金融市场的发展有重要意义，首先对于投资者来说期权的发展增加了风险对冲工具种类，期权类风险转移工具因为具有收益和风险不对称性，能够满足一些投资者需求，这也是期权的根本作用所在。

其次，期权市场的发展能够促进我国资本市场开放，我国资本市场发展相对较为落后，在开放过程中不可避免地遭受到国外资本进入带来的风险，国内完善的对冲工具可降低国外资本对我国资本市场的冲击，避免国外资本对我国资产的“掠夺”。

再次，期权市场的发展对我国的商品现货市场、金融现货市场，以及其他金融衍生品市场的发展有辅助提振作用。商品现货的交易方式得以增加，我国对于商品现货的定价权得以提升，金融现货市场和其他金融衍生品市场的活跃度得以增强。

我国期权市场的发展对于商品现货、金融现货的价格调整作用也不可忽视，期权市场能够参与到发现价值、挖掘价值、纠正偏离价值的过程中去。我国期权市场的发展还有利于私募基金、券商、金融公司等专业投资机构的产品创新和业务创新，提升我国投资机构的核心竞争力。

第二节　我国股票期权近年的发展

中国老股民对于“期权”可能会有点印象，流传最广泛的便是盐湖钾肥权证，曾经的暴涨暴跌已经淹没在历史的长河里，而近几年，特别是2017年，“场外期权”这个词又重新火起来。由于白马股在2017年纷纷走出慢牛、长牛行情，券商也逐渐向高净值客户推荐此业务，相比于2016年，场外期权业务增长了几十倍。

如果期权是交易所制定的标准合约，称为场内期权，而非交易所制定的合约，则称为场外期权。场外期权在业务市场上一直都有，但在2017年突然火起来。自2015年股市大调整以来，场外配资遭到打击，通过融资融券放杠杆的比例又很有限，客户想放杠杆的途径减少了。原来一部分做融资融券、场外互换的客户都转做场外期权，杠杆比例还能突破传统融资的空间。

国内有几家大券商正在争夺场外期权业务，最高杠杆比例可放到20倍。券商作为做市商对接客户，如果有不能平掉的头寸，券商自己就作为机构的对手方，还有券商专门请来美林的团队来开展风险控制，对回撤的要求也相当高。

2017年以来，场外期权名义本金和交易笔数稳步增加，交易对手方以私募、银行和期货公司为主，期权费用70%来自于个股期权，2017年以来，中信、中金和国信均位列每月新增名义本金前5位。我们对个股和股指的该项业务2017年的利润进行测算，预计2017年该项业务创造净利润33亿~50亿元。

早在几年前，证监会与证券业协会组织证券公司开展场外衍生品业务，不少券商主动申报材料，当时主要的申报品种就是场外互换和场外期权。

场外互换，可以视为非标准化的融资业务，对于融资的标的、杠杆率没有严格的界定。场外期权是相对于场内期权而言，某种程度上也是提供杠杆的工具，其收益结构是非线性的，和交易所内的期权交易无异，不同之处在于场外期权合约条款没有任何限制或者规范，行使价和到期日由交易双方自由厘定。

“场外期权真正来询价的都是个人高净值客户，个人可以通过产品和机构来参与。”一位券商营业部机构业务主管告诉记者，“客户看好一个品种，一般交一定的期权费或者保证金，如果交25%的保证金，实际上杠杆就是4倍，一般保证金的比例在3~5倍之间，如果只交期权费的话，杠杆就放得更大了。”

比如2017年大涨的贵州茅台，一个月的期权费为5%，意味要拥有100万元茅台的市值，只需要交5万元，在这一个月内只要贵州茅台上涨10%，客户就可获得10万元的收益，相当于投入5万元，利润接近200%。在这一个月中，无论这只股票下跌多少，无需追加资金，最多损失5万元的期权费，以这种方式杠杆相当于放大到20倍。

目前，官方尚无具体的监管文件，利用期权特性涉及基金专户、券商资管产品及银行理财产品等，不仅可以满足投资者个性化的需求，也增加了机构的获利工具。因此，既要理性看待杠杆风险，也不应将该业务妖魔化。

第三节　我国股票期权的特点

期权按操作模式可分为：买入看涨期权，卖出看涨期权，买入看跌期权，卖出看跌期权。

我国股票期权的特点是：目前面向投资者的仅能买入看涨期权。一旦股价涨过盈亏平衡点，盈利将会很大，而一旦股价在到期日时，无法涨至盈亏平衡点，持有看涨期权的投资者会亏掉权利金。

就像 A 股的融券业务一样，大部分散户投资者都难以融到券，场外期权业务从来都是卖方收取权利金的模式为主。而 2017 年股市白马股的大涨，为看涨期权提供了无比巨大的机会，也是这样的机会，使得券商与客户双方共赢，券商或者基金可以对冲下跌风险，收取固定权利金，客户在股票上涨过程中，可获取更大的收益。

以下对普通股票账户与期权股票账户进行对此。

例一：想买100万元股票。

普通账户：买入100万元股票市值，上涨20%赚20万元。

期权账户：买入100万元市值股票仅需5万元，上涨20%赚20万元减去期权费，即赚15万元。

普通账户：买入100万元股票市值，下跌20%亏20万元。

期权账户：买入100万元市值股票仅需5万元，下跌20%亏5万元。

目前，个股期权采用美式期权模式，赚钱盈利时可以选择卖掉，而欧式期权盈亏结算只有期权到期日，中途无法盈利出局。亏损再多，由券商承担。

例二：想买100万元股票。

普通账户：买入100万元股票市值，赚20%也就是20万元。

期权账户：100万元用期权交易可以买20只股票，假设5只上涨20%，可盈利100万元，其他15只上涨的盈利，除去期权费都归投资者所有。而下跌的则由券商承担。

一旦20只股票中，选到了一只翻倍个股，一只个股投入5万元，即可盈利近100万元，获利空间巨大。

第四节　股票期权对 A 股市场的意义

由于个股期权的特殊优势，个股期权也被誉为最公平的交易制度、投资交易皇冠上的明珠，投资界常有“无个股期权不期货”的说法。因此，推出个股期权对于证券行业发展具有重要意义。

1. 改善投资理念，稳定证券市场

目前，A 股市场的发展建树颇丰，但市场理念改观不大，炒新、炒概念、炒绩差股等投机现象依然盛行，远没有形成稳定理性的长期投资队伍。其重要原因之一是缺乏完善发达的金融管理工具，即使看好某公司的长期发展，但为了不在市场大幅波动中受到损失也不得不进行短期操作，纵然是机构投资者也只能依靠短线操作回避风险。个股期权推出后，长线投资者为避免股票下跌而带来损失，可以买入或卖出股票个股期权合约进行套期保值，从而锁定投资损失、增强持股信心、抑制投机行为、强化理性投资。而且当股价因某种价格机制上的原因而缺乏理性时，个股期权由于其自身功能会抑制这种非理性倾向，促使股价向合理的价值回归。因此，个股期权能发挥市场稳定器的作用。

2. 丰富金融工具，保护投资者利益

推出融资融券和股指期货之后，虽然市场已经能够提供套期保值、系统性风险对冲等功能，但和国际市场相比，金融工具依然匮乏、单一，远不能满足风险收益管理的需要。

个股期权作为一种重要的衍生金融工具，可以丰富投资手段，满足各类风险管理要求。个股期权损益的非线性结构不同于期货、股票、远期契约、债券等损益的线性结构，且同一种个股期权又有不同的履约价与到期日，因此，可搭配出多种组合，形成不同的损益形态。可以根据不同类型投资者的需求，构造资产组合、设计收益分布、设定风险/收益关系，以满足特定的投资目标，从而更好地保护投资者利益。

3. 缓冲限售股的解禁压力

限售股是目前 A 股的主要冲击因素之一，减缓限售股的解禁压力，对于市场平稳运行意义重大，个股期权将为限售股解禁提供缓冲途径。个股期权创设机构可根据自身目标要求选择适当时机创设一定数量的个股期权，将部分限售股以有利的价格“预售”出去。由于市场上的投资人具有不同的收益预期，可以在自愿基础上将一部分限售股延长“锁仓”期，形成限售股解禁的缓冲垫。对投资者而言，在锁定损失前提下有可能获得行权的超额收益。因此，个股期权推出有可能实现限售股解禁的双赢。

4. 推进金融创新

我国正处在经济转型升级的历史巨变中，经济形势更加复杂多变，个股期权作为成熟市场最受青睐的衍生品工具，无疑能更好地满足国内市场对避险工具的需求，对于深化金融创新意义重大。因此，作为个人投资者，要熟悉这个金融工具，在未来的行情中，把握到自己的盈利，让盈利奔跑，让亏损彻底被截断。

期权对券商的意义也很重大。股票期权给证券以及期货公司的经纪等业务带来可观的收入增量，进一步促进国内金融业的发展。期权的推出还有助于各种新型产品的开发，如保本产品；还可以催生出一些波动率管理策略，股票套利策略甚至有助于企业制定股权激励方案等。同时，期权的推出也可以活跃市场上的蓝筹股以及大型的 ETF 基金交易。

另外，目前券商盈利模式仍然依赖通道业务，同质化竞争、业务模式单一等发展瓶颈严重制约了行业发展。个股期权推出后，由于需要更多的专业指导和服务，从而为专业理财和投资顾问等业务提供了发挥作用的平台。这将极大地拓展券商业务范围，提高服务能力和风险防范能力，为业务转型提供契机。

第五节　股票期权对个人投资者意义

对个人投资者来讲，股票期权是很有意义的，有以下几个作用，我们先来看一张图。

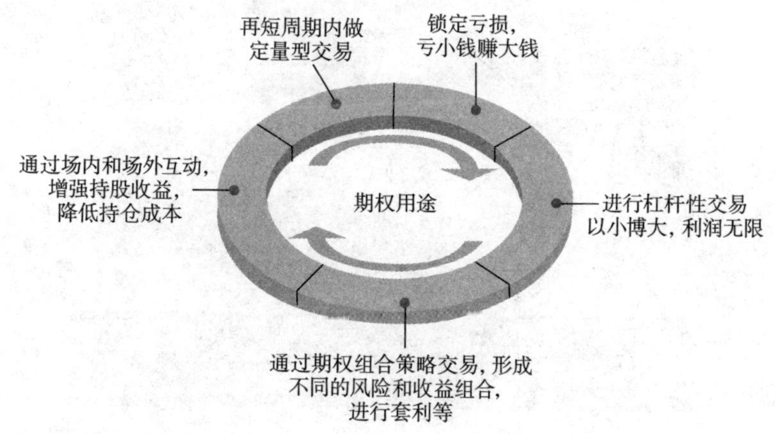

图 2－1　股票期权对个人投资者的作用

1. 风险有限，收益无限

买入期权无论价格如何变化，变化如何剧烈，风险只限于所支付的极少权利金，但利润可以随着价格的上涨不断增加，并且伴随着高杠杆收益也在不断增加，且不会爆仓，不会追加保证金让你保持良好的交易心态。

无论涨多少都归投资者所有。无论股价下跌多少，都与投资者的无关，亏损只为期初投入期权费（权利金）。

如图 2－2 所示，展示了买入股票期权与买入股票的对比。

一张图看懂看涨期权

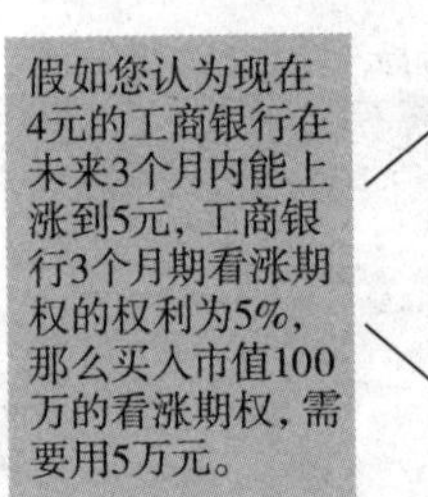

三个月之后，假如工商银行的股份上涨到5元，当初购买的市值由100万元上涨到125万元，获利25万元，扣掉期权要净利20万元。股份上涨25%，您却获得400%的利益。

三个月之后，假如工商银行的股份下跌了，无论价格下跌多少，即使出现在幅度下跌，亏损与投资者无关。3个月期限如果不能实现返弹盈利，投资者可以放弃行权，期要作废，费用就是期权最大风险。

注：股价上涨过程中，您不一定非要持有3个月后，（比如中途上涨后担心再度下跌），可以直接卖出期权，还可以用较低的行权购入股票，在二级市场上卖出获利，交易方式灵活。

图 2－2　买入股票期权与买入股票的对比

2. 交割模式自由

中国的场外个股期权采用的是美式个股期权的交易模式，更为自由灵活，应用率也最广泛，看到目标价位可以随时卖掉落袋为安，以免到嘴的鸭子飞掉。

美式个股期权：期权持有人能在期权到期日前任意一个交易日行权。

欧式期权：需要在期权到期日当天或到期日之前某一规定的时间才可以行权，主要应用在外汇领域。

以上两种没有按规定行权，期权合约自动作废。

3. 风险可控的投资工具（既放大收益，又降低股票成本，提高投资者的资金运用率）

股票期权没有爆仓和追加保证金的风险，风险只来源于权利金。所以，风险不会随着股价下跌而放大亏损。

4. 交易手续费用低

权利金费用及交易手续费用很低，它作为期权投资者的成本，往往只占名义本金的很小一部分，期限越短权利金费用越低。

第三章

影响股票期权价格的主要因素

期权的价格就是权利金或者叫期权金。按照到期日，可分为一月到期，三月到期，六月到期等周期的期权。

当你打算买入或者卖出看涨期权时，不应该低估权利金的重要性。实际上，你需要花时间来搞清楚影响期权权利金的因素（权利金就是指作为买方买期权将要付出的钱，也就是期权卖方卖期权收到的钱）。在谈到备兑看涨期权的时候，笔者也提过这些因素，对此，再进行深入的研究。

有七个主要因素直接影响期权的权利金，包括：

一是，标的股票价格的变动。

二是，行权价格。

三是，期权类型：看涨或看跌。

四是，距离到期日的时间。

五是，利率。

六是，红利。

七是，标的股票的波动率。

期权金的价值主要有两个组成部分，即：内在值（Intrinsic Value）及时间值（Time Value）。

期权金 = 内在值 + 时间值

第一，内在值。内在值的意思是，若期权被行使，指定资产的市值与行使价之间的差价便为内在值。

若为看涨期权：①资产市值低于行使价者，由于期权即使行使亦无利可图，因此，内在价值为0。②若资产市值等如行使价，期权行使亦无利可图，故内在值亦等于0。③若资产市值大于行使权，期权行使有利可图，故内在值为资产市价减行使价之差。

基于上面内在值得考虑，期权市场对于期权有三种划分方法。

1. 价外期权（Out - of - The - Money option，OTM）

价外期权是指：

（1）指定资产市值低于行使价的看涨期权。

（2）指定资产市值高于行使价的看跌期权。

2. 平值期权（At - The - Money option，ATM）

平值期权是指：

（1）指定资产市值等于或极接近行使价的看涨期权。

（2）指定资产市值等于或极接近行使价的看跌期权。

上述期权的内在值等于或极接近0。

3. 价内期权（In - The - Money option，ITM）

价内期权是指：

（1）指定资产市值高于行使价的看涨期权。

（2）指定资产市值低于行使价的看跌期权。

上述期权的内在值大于0。

第二，时间值（Time Value）。期权金的时间值又称为外在值（Extrinsic Value），是未到期的期权，期权金高于内在值的风险溢价。时间值亦可看为给予期权沽家在内在值之上的额外补偿，以弥补沽空期权所带来的风险与义务。

期权的风险主要来自以下几方面：

1. 市场风险

指定资产的市价愈接近行使价，期权被行使的机会便愈大，而沽家的风险亦增加。

2. 波幅风险

指定资产的市价波动愈大，期权内在价值增加的机会亦愈大，而沽家的风险亦增加。

3. 时间风险

期权离到期日的时间愈长，期权内在值增加的机会亦愈大，而沽家的风险亦增加。

4. 持仓成本风险

由于期权沽家要不断承担期权的义务，因此，持仓成本如市场利率及指定资产息率改变，对期权沽家的机会成本亦有一定的冲击。

基于上面内在值与时间值得考虑，期权金的升跌将受到以下七个主要因素所左右，而掌握下面个因素的方向，将决定我们买卖期权的胜负：

（1）指定资产市价。指定资产市价若上升，看涨期权的权利金将上升，而看跌期权的权利金将下跌。

（2）波幅率（Volatility）。波幅率是量度指定资产的标准差年率（Annualized Standard Deviation），用百分比表示。波幅率愈高，表示市场风险愈大，无论看涨期权或看跌期权的期权金价值都会上升。相反，波幅率下跌，即使市价不变，期权金价值亦会下跌。

（3）到期时间。若期权距离到期日愈长，内在值增加的机会亦愈高，因此，无论看涨期权或看跌期权的期权金亦相应愈高；相反，时间愈少，期权金亦会愈低，我们称之为时间的损耗。

（4）利率。若利率上升，投资者持有指定资产的持仓成本（Cost of Carry）便愈高。投资者会减少持有股票，转而买入看涨期权，并将余下资金存入银行收更高的利息。此外，买入看跌期权的活动亦减少。因此，利率升，看涨期权金升及看跌期权金跌，不过，若为期货的期权，利率升、期权的折现率亦上升，因此，看涨及看跌期权金皆跌。

一般而言，我们所参考的利率是无风险利率（Risk – free Interest Rate），即资金投资者不用承担风险而得到的利息。以美国期权而言，一般所使用的是三个月国库券息率（3 – month U. S. Treasury Bill Rate）。

对于香港而言，投资者可选择三个月外来基金票据息率（3 – month H. K. Exchange Fund Bill Rate）。

（5）股息（Dividend）。当指定资产例如股票的股息增加，表示持有实际资产的收益将会增加，投资者会希望持有更多股票以收息；相反，投资者会减少持有无息收的看涨期权。此外，由于股票派息会导致股票下跌，持有看跌期权将更为有利。换言之，若指定资产的息率上升，看涨期权的期权金将下跌，而看跌期权的期权金将会上升。

股票期权实战关键战法

第四章

国外期权的买卖方法大全

第一节　看涨期权

在明显上涨的市场中，可以用买入看涨期权策略，在持有股票或者其他标的同时，放大盈利。

作为基金与机构，可以上涨市场中，对盈利进行部分锁定，可以在持有多头产品的同时，卖出看涨期权，来增加盈利，降低成本。

接下来，介绍国外期权在牛市中用的策略。

牛市看涨价差的风险与回报：

跟其他的价差策略一样，你可以提前计算出潜在的收益和损失。

另外，使用这个策略时损失有限，但收益也有限，大多数激进的交易者宁愿直接买入看涨期权。而这个策略比直接交易看涨期权所需的资金要少，并且交易盈利的机会会更多。

在牛市看涨价差中最大的损失是期初买入价差权利金，同时也存在风险。当你买入虚值期权时，时间对你不利，但对于实值借方价差来说就不是这样。对一个虚值价差组合，股票必须往你希望的方向变动（即价格上涨），否则期权就会变得毫无价值。然而当两个期权都已经是实值时，时间的流逝对你有利，因为你并不想让标的股票的价格变得更低。因此，剩余时间越少，两个期权在到期时实值的概率越大（价差组合价值可以达到最大值）。

请记住，为了获取收益，你必须战胜期初为价差支付的成本。如果初始支出太高，那么交易获利就更困难，你有可能损失大部分，甚至是全部的投资。

建议：在建仓牛市看涨价差组合之前，对股票要有一个实际的价格目标，根据预测创建策略。如果你对股票行情看涨，并想通过对冲头寸来降低风险，那么牛市看涨组合可能是个合适的策略。

牛市看涨价差组合的特点：

在创建第一个牛市看涨价差组合之前，先看下面的结论。

1. 标的股票

因为对股票价格温和看涨，你希望找到一支将会快速上涨的强势龙头股（不容易找到）。对标的物价格的看法，决定了你将选择什么样的行权价格。

2. 行权价格

有许多行权价格的组合可以反映你对标的股票的看法。最重要的是，你希望两个期权在到期时都是实值，这样才能获取最大收益。哪种方式能让这种情况发生呢？

暗示：即使你对便宜的虚值期权很有兴趣，但这也是一种投资行为，因为股票价格必须涨得更高才能获利。使用实值期权就不需要股票价格发生变化动。但是，实值期权花费得更多些，因此，你需要经过慎重思考再决定选择哪个行权价格。选择哪些与你对股票的看法相符的期权。对多数使用这一策略的投资者来说，买入实值或者平值看涨期权会比买入虚值看涨期权构造这个策略更有价值。

价差：价差组合中，两个看涨期权行权价格之差决定了你的最大损失和收益。例如，买入行权价格 45 的看涨期权并卖出行权价格 50 的看涨期权，5 点的差额就是该笔价差交易的最大价值（计算潜在收益时不要忘记减去已付出的权利金）。

假如买入行权价格 45 的看涨期权，并卖出行权价格 55 的看涨期权，虽然潜在收益增加了，但是潜在损失也增加了（因为更多了）。看涨期权行权价格的间距越大，在一波大牛市行情中的获利可能就越多。

问题：交易牛市看涨价差组合时，时间是朋友还是敌人？

在这里，时间既是敌人也是朋友。当买入虚值的牛市看涨价差组合时，你付出了资金。当然问题是时间的流逝对你不利，在这种情况下，时间是你的敌人。然而，当你买入牛市看涨价差组合，且两个期权都是实值时，时间就是你的朋友，因为股票价格不用向更高的方向变动，价差组合已经变动至最大值了。

权利金：提前想好愿意支付的权利金总额。花费的权利金越低，潜在的收益越大，但此时获取收益的概率也越低。当然，你也不想为了寻求收益而花费太多的权利金。

到期日：通常对于那些对标的股票持上涨看法的投资者来说，这是一个短期的策略。跟之前提到的一样，如果买入虚值期权的看涨价差组合，时间流逝将对头寸不利；如果买入实值期权的看涨价差组合，时间流逝对头寸有利。

隐含波动率：一般来说，当隐含波动率低的时候可以建立借方价差组合，因为期权的价格很低，买价差组合就会花费更少。要买入低隐含波动率，就需要知道在你打算交易时隐含波动率是高还是低。

你能损失（或获利）多少？

最大收益：从这笔交易中能获得的最大收益是行权价格之差减去期初的支出（借方）。比如，如果买了行权价格 30 的看涨期权并卖出行权价格 33 的看涨期权，就会有 3 点的价差，最大收益就是 300 美元（行权价格之差 ×100）减去期初支付的权利金。

第二节　国外期权的中高级策略

国外常见的策略包括以下几种，国内不常用，所以在这里就简单给大家做下介绍。

1. 跨式和宽跨式交易策略

跨式交易策略是以相同的行权价同时买进（卖出）看涨和看跌期权，两个期权的标的物相同、到期日相同。

同时买进认购和认沽期权称为跨式看涨策略，或称为买进跨式组合。同时卖出看涨和看跌期权称为跨式看跌策略，或称为卖出跨式组合。此处跨式交易，也被称作马鞍式期权、骑墙组合、等量同价对敲期权、双向期权、底部跨式期权等。

此种交易方法分析：投资者判断盘整行情即将结束，价格有可能大幅度上涨或者下跌，但是究竟是涨还是跌无法提前判断，就可以采用跨式多头策略。简单地说，就是买了双保险，一旦行情大幅度上涨，买进的看涨期权大赚，反之，如果行情大幅下跌，买进的看空期权大赚。

而最糟糕的情况则是行情继续盘整，双向期权并无明显获利的情况，获利无法弥补期权手续费，则自然会有所亏损。

2. 垂直价差策略

合约到期月份相、期权类型（看涨或看跌）相同但行权价不同。因此，垂直交易也称货币套利或跨价套利。

垂直交易中涉及两个不同的行权价，一买一卖就有两种不同方式：买进低价行权、卖出高行权价或者买进高行权价、卖出低行权价。加上可以选看涨或看跌，总共可形成四种方式。这四种不同方式都有不同的专用名称。

(1)牛市看涨期权价差；(2)熊市看涨期权价差；(3)牛市看空期权价差；(4)熊市看空期权价差。由于国外策略较为复杂，国内一般者接触的均为看涨买入期权，这里对垂直价差期权操作策略不做过多解读。

3. 蝶式价差和飞鹰式价差策略

蝶式价差的构建方式为，针对同一垂直系列的期权，选择3个间距相等的行权价，买进（卖出）2张中行权价合约，各卖出（买进）1 张低行权价和 1 张高行权价合约。由于该组合的到期盈亏曲线类似一只张开双翅的蝴蝶（Butterfly），因此，被称为蝶式价差。

蝶式价差又分为看涨期权蝶式价差，修正看涨期权蝶式价差，看跌期权蝶式价差与修正看空期权蝶式价差，这里不做一一说明。

飞鹰式价差的得名是因为该价差组合的到期盈亏曲线类似一只张开两翅的飞鹰，与前面的蝴蝶相比，头顶由原来的尖顶变成平顶，也有称其为秃鹰的。

飞鹰价差可以用相同类型的期权构建，也可以通过不同类型的期权构建，后者被称为铁鹰价差。

蝶式、飞鹰式策略的特点是，风险与收益较小。由于垂直价差本身的风险和收益就不大，经过再对冲后，风险收益自然就更加低了。

第三节　看巴菲特等大师如何玩转期权

1. 巴菲特的期权交易

巴菲特的期权交易是伯克希尔·哈撒韦公司的巨大利润来源，也是其巨额的风险敞口之所在。巴菲特说过金融衍生品是金融市场的大规模杀伤性武器。

根据公开资料，对巴菲特是如何使用这个大规模杀伤性武器进行研究。

看涨期权的运用

对于看涨期权的使用。巴菲特是期权交易的专家。巴菲特多次在他的投资和并购案例中运用看涨期权，大幅放大收益。由于看涨期权的价值是建立在公司的股价大幅上涨的前提下的，因此可以说，巴菲特和被投资的公司的利益是一致的。他在投资的时候要求无偿获利看涨期权对于被投资的公司相对可以接受。有一个案例是巴菲特在金融危机的时候投资高盛公司。他的投资条件如下：

第一，伯克希尔·哈撒韦投资50亿美元在高盛的优先股，股利是每年10%。

第二，同时获得看涨期权，可以在投资后的5年内，以115美元每股的价格买入50亿美元的高盛普通股票。

巴菲特投资高盛的时候，股价是90～110美元/股。当然金融危机结束后，高盛的股价上升得很快，5年内股价基本上在150美元左右，目前已经是250美元左右。他的看涨期权由虚值变为实值，按保守估算，巴菲特在2010年获利20～30亿美元，如果现在来算，目前此笔投资获利应该在50亿美元左右。同时，由于高盛最后以回购巴菲特的优先股，并递送了435万股高盛普通股结束交易。巴菲特的这个零成本的看涨期权，换股后，按200美元的市场价格来算，价值大约是90亿美元。这个还不算他在持有优先股的几年中，每年5亿美元的优先股利息。

实际上，巴菲特最近几年进军了亚太保险市场，他一样要求获得看涨期权。这一次他要求的期权比他投资的金额还要多得多，对于他的投资收益是个非常好的增加。如果按期权的 Delta0. 5 来估算，他的额外获得的零成本股权大约是澳大利亚保险集团流通 2. 5%。如果公司运营良好，股价上升，他的买入期权的价值还会加倍上升。实际上，在巴菲特投资宣布后，IAG 的股价上涨 6. 1%。他的期权已经有了不少账面收益。

看跌期权的运用

巴菲特对于看跌期权的运用一样是非常的大手笔。巴菲特在他的年度报告里面提到过一些他的看跌期权交易，可以说是“豪赌”。下面是他的年报上的一些披露细节：

第一，2008 年伯克希尔·哈撒韦的衍生品一共提供了 81 亿美元的权利金。

第二，所有合同都要求不能追加保证金。其中，股市的风险敞口是 371 亿美元，分布在四个股市：标普 500、英国的 FTSE、欧股 50 和日经 225。看跌期权的权利金收入是 49 亿美元。2008 年的账面损失是 100 亿美元。期权到期日分布于 2019—2024 年。

可以说，他卖出的看跌期权在 2008 年和 2009 年都是巨额账面损失，每年的损失都是超过 100%。巴菲特是如何避开这些大规模杀伤性武器的“突袭”呢？

最重要的一点，这些期权都是 15 ~ 20 年的超长期期权，巴菲特在他的年报上提到，这些期权是不可追加保证金的。结算日是到期日那一天。实际上，即使他在危机时有了几百亿美元的账面损失，他也不用付出一分钱现金！

比较一下，在2008年金融危机的时候，AIG被他的交易对手行多次要求追加保证金，好资产活活被流动性覆到地板上，最后由政府救援，公司股东被稀释99%。类似的交易，都是保险公司，一个是悲剧，一个是喜剧，区别就是伯克希尔·哈撒韦公司的领导是巴菲特。

这几年，世界各大股市都基本上创了历史新高，巴菲特的卖出期权仓位的行权价格已经远低于市价，加上这Theta的作用，巴菲特的获利保守估计也应该有40亿~60亿美元。

总之，巴菲特对于期权的运用是空前的，他的风险和利润也是空前的。虽然他的期权交易基本上是大多数投资者无法复制的，投资者仍然可以学习他的期权交易和风险管理的精髓。

2. *索罗斯的期权交易*

2012年年底至2013年年初，全世界的投资者都将目光聚焦在了沉寂已久的日本股市与汇市，新上任的日本首相还没有让民众感受到经济增长之时，就已经让“安倍交易”成为当时最热门的投资交易策略。华尔街的各路精英自然不会放过这一天赐良机，纷纷加入做空日元以及做多日本股市的行列中。但面对同样的一波行情，只有真正的绝顶高手才能淋漓尽致地享受这一盛宴，这个人就是大名鼎鼎的乔治·索罗斯。

数据显示，索罗斯旗下著名的量子基金当时管理着200多亿美元的资产，在2013年净赚55亿美元，再次成为最赚钱的对冲基金。而这其中，有10亿美元的收益业自于2012年年初两个月做空日元的策略。

面对一波10%的单边行情，普通人可能想到的是选择直接抛出100亿日元来换成美元，虽然能赚10亿美元，但风险也可能有10亿美元；入了门的投资者可能想到了期货，用大概10亿为保证金就能赚10亿美元，但风险依然很大；当你学会用少量资金买入虚值期权时，你就懂得了风险管理，离高手又近了一步。

而事实上最令人惊讶的是索罗斯的团队实现这一收益只动用了大概3000万美元，相当于资金翻了30倍！其真正买入的是大师执行价格不同的比虚值期权更便宜的反向敲出期权（即当日元大幅下跌时才赚钱，但跌破一定水平时就会作废的期权），这些期权即使全部亏光也无关大局，而一旦做对了，其中一些期权就会带来可观的收益，当然这需要对价格最终走势有更精准的把握。

索罗斯的期权故事的启示是：期权不是赌博的工具，本质是高级保险。很多人总是单纯地拿彩票来比喻期权，但上面的故事让我们看到，真正的高手不是靠玩命瞎猜赌博赚钱的，而是通过充分的基本面研究分析发现一个可能的潜在投资机会后，考虑如何选择最强大的工具以及用最小的代价去实现他的目标，这里强大工具就是期权。期权的高杠杆特性可以让高手省下更多资金去做更多有意义的策略。

所以说用彩票比喻期权并不恰当，将期权比喻为一种高级保险，其高级主要表现在：首先，我们不仅可以买期权，还可以像保险公司一样去做卖方（大家都知道保险公司相比投保人赚钱更容易些），当然我们需能承担得起相应的风险，即需要支付卖出期权的保证金；其次，普通的保险只能是买完后持有到期，而期权却可以随时 T+0 交易，其价格也是实时变化的，其实期权投资者中绝大部分都不会持有到期；最后，普通保险往往只是保“坏”的方向的风险，而期权保的风险不仅可以是“向下”的风险，也可以是“向上”的风险，可以给我们的投资组合带来更多的变化。

所以，想要用好期权，可以多去寻找一些被市场忽视，但却“很有可能”出现的走势或者说风险，需要更精细的分析市场指数或者个股的走势，而不是原来那样单纯地分析会不会涨。拥有了期权这一高端武器，充分利用好其“保险”属性，将给我们的投资过程如虎添翼，从而机会不断。

3. 期权交易大师 Tony Saliba 的传奇

期权交易大师 Tony Saliba 是一位期权交易领域的“金融怪杰”，他利用“一手”期权小单成就千万财富，成为传奇期权交易大师。

Saliba 的交易成就的原因除了非凡的交易能力还有严格控制风险的自律精神。Saliba 的交易成就中，最令人印象深刻的不仅仅是他收获的巨额财产，还有他收获财产的过程，他是通过运用范例式的交易方法和时刻保持非同一般的风险控制而收获其资产。Saliba 成功实现连续 70 个月收益超过 10 万美元。仅有少数的交易员在成功交易几笔大单获利后、还能成为百万富翁。更少有人能够成功保持其收益。能持续保持两个大事件带来的巨额收入、同时持续获利的，仅此一人。

下面内容为 Saliba 的投资经历：

Tony Saliba 于 1978 年来到芝加哥期权交易所（CBOE）交易大厅。当了半年的职员之后，Saliba 决定尝试自己交易。他找到了另一个交易员资助其 5 万美元，经历了一个不错的开端，随即便遭受打击、近乎自毁。在尝尽跌落人生谷底的感觉后，他改变交易技巧，从此开始铸就成功。Saliba的交易风格可以这么打个比方，就像游泳，只需做得比踩水好一些，日复一日小收小赚，同时他的期权头寸构造能在罕见的巨大交易机会来临时充分把握机会。他的财富建立很大程度是通过这样的大事件。

1979 年春季，隐含波动率水平十分高，因为 1978 年是十分波动的一年。可是，后来市场没有任何进展，波动率和期权权利金都崩塌了。六周之内便几乎输光了所有钱，原始资本 5 万美元只剩下将近 15000 美元，他自杀的心都有了。

在那段时间，Saliba 向场内更有经验的交易员们寻求建议。他们说："你必须严格自律而且做足功课。如果你能够坚持这两样，你就能挣钱。或许你不会暴富，但是可以每天挣 300 美元，到了年底就是 75000 美元，你要这么看问题。"他们的话就像灯泡一下点亮了 Sabliba 的世界。Saliba 意识到这种小收小赚的方式才是他应该做的，而不是把自己放置在巨额风险之中、去试图大赚一笔。

当时 Saliba 在交易 Teledyne 公司期权，市场波动性非常大，因此，他转向了波音，波音的市场则更加紧凑、更窄。于是，Saliba 成了一个价差刷单员，每笔交易只挣四分之一个点甚至八分之一个点。他严格遵守平均每天挣300美元的目标，十分奏效。这段时间，他学会了严格控制和纪律。

时至今日，Saliba的信条依然是勤劳工作、做足功课以及严守纪律。他把这个信条传授给了我的交易员们。

回到之前说的，与此同时，Saliba仍持有Teledyne公司的一个大价差头寸，当时他正处在平仓的进程中。如果市场上涨，该头寸将亏钱，当时他交易波音已经有五周。有一天，Teledyne忽然开始迅速上涨，他急忙冲进Teledyne交易池把他的头寸平掉。Saliba听见场内经纪商有订单进来，他突然意识到自己正在回应他们的喊价。当时他将交易波音的策略运用至Teledyne，而他每笔交易不再只刷八分之一或四分之一个点，改为刷每单半个点或数美元。

Saliba每次只做一手。那些交易员都非常不喜欢他这样，因为觉得Saliba碍着他们做交易。他们更愿意交易十手或者二十手这样的大单。

第五章

三种关键的股票期权战法

对于广大投资者来讲，由于中国的股票期权目前只能暂时做多，即买入期权后，只有股票价格上涨才能赚钱获利。所以，只要是炒股高手就可以在股票期权上赚到钱，为此，笔者把自己多年总结的三个关键战法与大家分享。有的战法看似简单，但确实很实用。

如有不明之处，请关注笔者的微信（封底折页处），乐于为您解答任何问题。

第一节　最稳健的获利战法

当某只股票的价格在箱体内震荡时，当股价到达箱体底部并受到强有力的支撑时，也就是筑底成功后，投资者可以大胆买入。这就是最稳健的获利战法。

那么，筑底成功的条件是什么呢？

根据笔者总结多年的炒股经验，一般满足以下三个条件就是筑底成功了。以金固股份（002488）为例说明如何满足这三个条件。

第一个条件：先确认股票的价格走势图。确实是在箱体内来回震荡，一般当股价在箱体内震荡两次后，第三次就可以买入。

如图 5 - 1 为 2017 年 7 月—2018 年 2 月初的日 k 线走势，出现了一个箱体后，有了箭头①和箭头②的止跌，再到箭头③处附近，就基本符合了第一个条件。

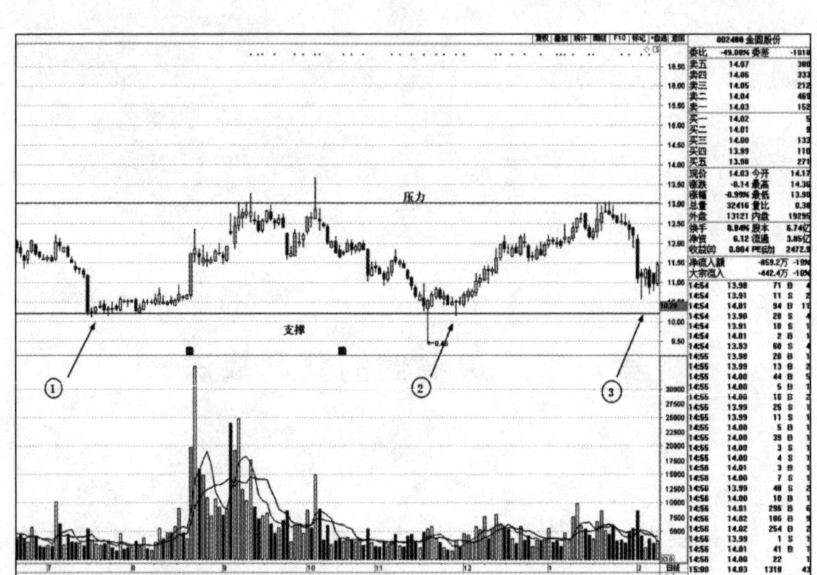

图 5－1　2017 年 7 月—2018 年 2 月初的日 K 线走势

第二个条件：第三次在箱体底部筑底成功的条件是，股价到箱体底部时，不管大盘是否出现下跌，在日 K 线图形上表现的是小阴线与小阳线并列出现，如图 5－2，为 2017 年 11 月初—2018 年 2 月初金固股份日线 K 图。箭头①处是支撑，箭头②处明显缩量，配合得十分默契。

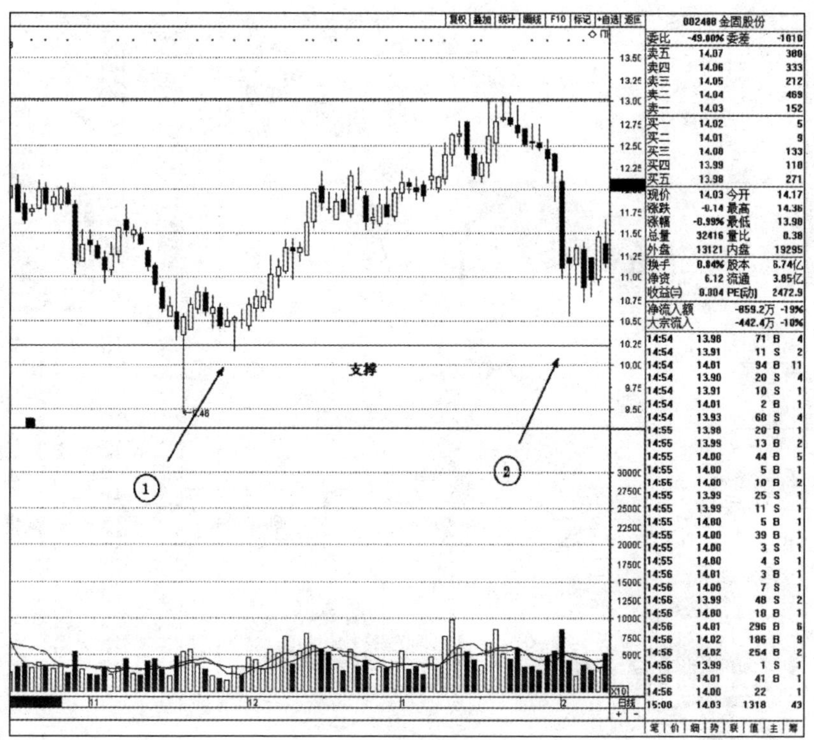

图 5－2　2017 年 11 月初—2018 年 2 月初金固股份日 K 线图

第三个条件：当小阴小阳线出现后，突然有一根中阳线出现，并同时伴随着成交量的放大，如图 5－3，金固股份出现了一根中阳线。箭头①处出现中阳线，箭头②处量能温和放大，涨至箭头③处，即 14 元附近可选择止盈。

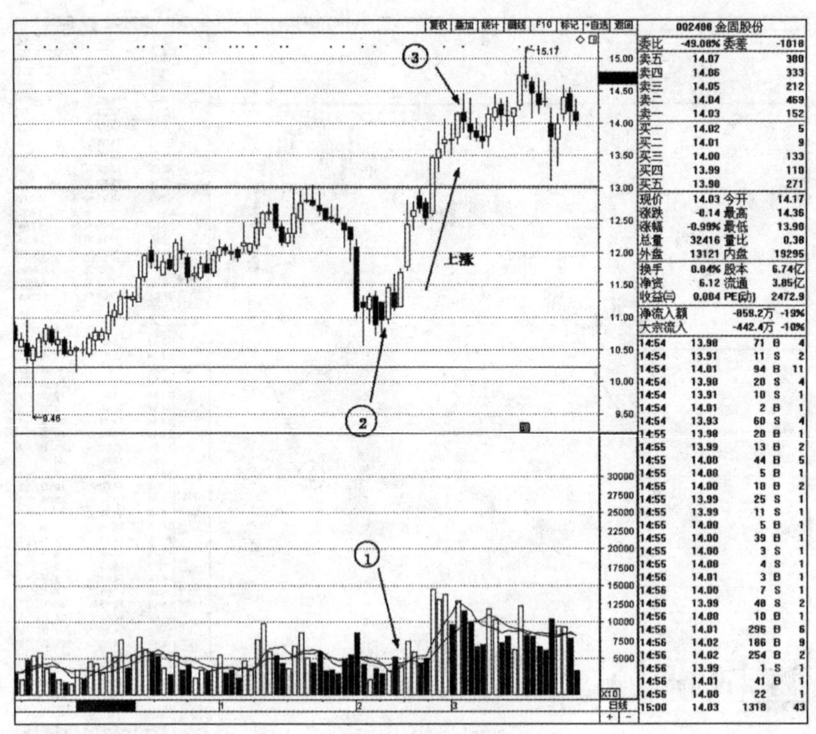

图 5-3　金固股份变化图

如图 5-4 为该股日线 2018 年 2 月 12 日分时走势图，走势稳健，结合日线来看，已经不再需要太大的量能，就能够收回大阴线的下跌。

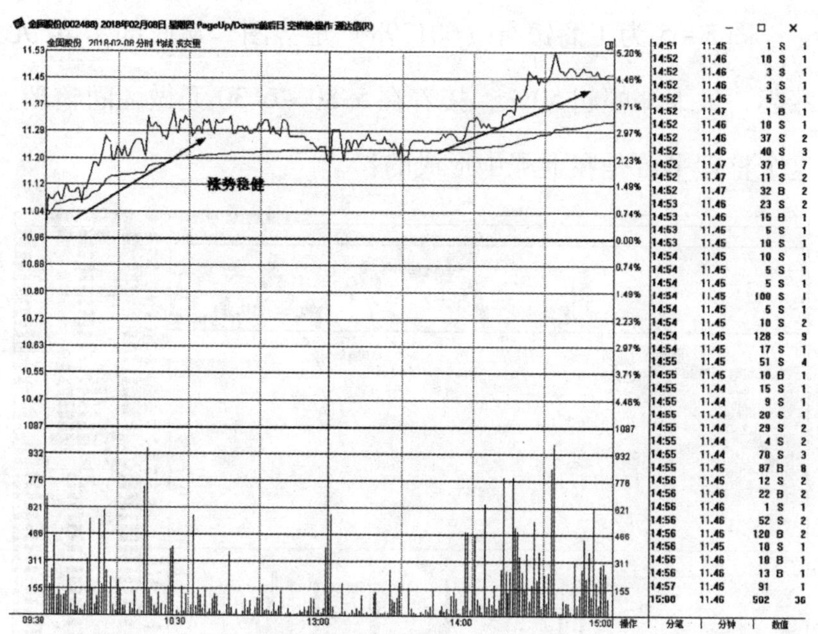

图 5-4 2018 年 2 月 12 日金固股份日线分时走势图

经过几个条件的限定，精确抓到了这一波段的上涨。如果在 11.60 附近介入，涨至 14.00 元附近可选择止盈，股票收益可达 20% 左右，股票期权投资可达 150%。如果持有到现在买股票收益近 30%，股票期权盈利可以超过 200%。

再举一个箱体买入的实战案例：老股民都知道，当股价向上时，很多时候会在中途出现一个整理平台，也叫新的箱体，再次出现向上突破箱体上沿，股价可能再次大幅上涨。

此箱体需要满足以下三个条件：

第一个条件：箱体需要在上涨过程中形成。

图 5－5 为工商银行（601398）走势图，从底部 4. 20 元涨起，最大涨幅超 50%，接着在 5. 80～6. 30 元做区间整理。这个整理平台是在上涨中形成的！

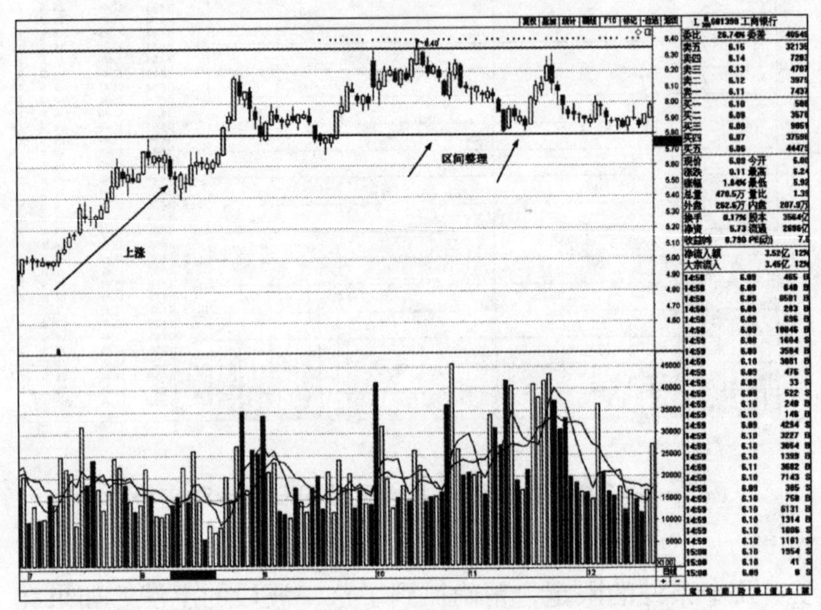

图 5－5　工商银行走势图

第二个条件：在股价上升途中，出现一些阴线阳线构成的平台，并且成交量适中。

如图 5－6 所示，在涨至 6. 20 元时，回落至 5. 80 元一线，即箭头①位置时，量能出现明显减小。

再次创出新高后，回落至 5. 80 元一线，即位置箭头②时，量能再次减小，日 K 线成了小阴小阳结合的走势。

反弹至6.30元受阻后，第三次回落至5.80元附近，即位置箭头③时，量能缩小，股价大部分时间在3%以内涨跌。这就是可以试探性买入的时机了！

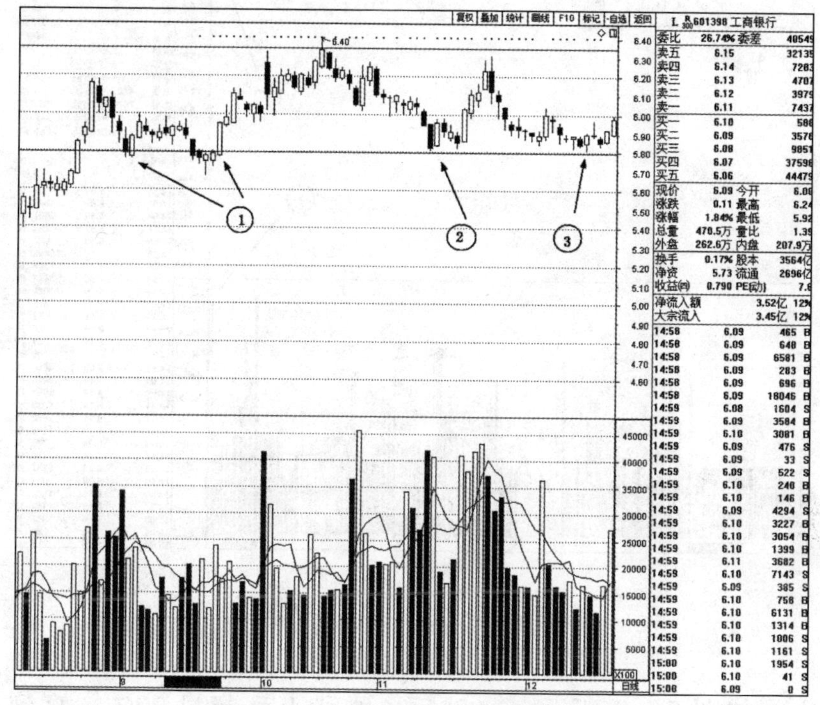

图5-6　工商银行走势图

第三个条件：某一天放量突破平台后上涨，拉出一根中阳线或者大阳线。

如图5-7所示，股价创出近期新高，在箭头①处股价突破6.30元的压制，也就是说突破了5.80~6.30元的箱体。在箭头②处，下方量能配合为近期天量，量价配合确认了突破是有效的。

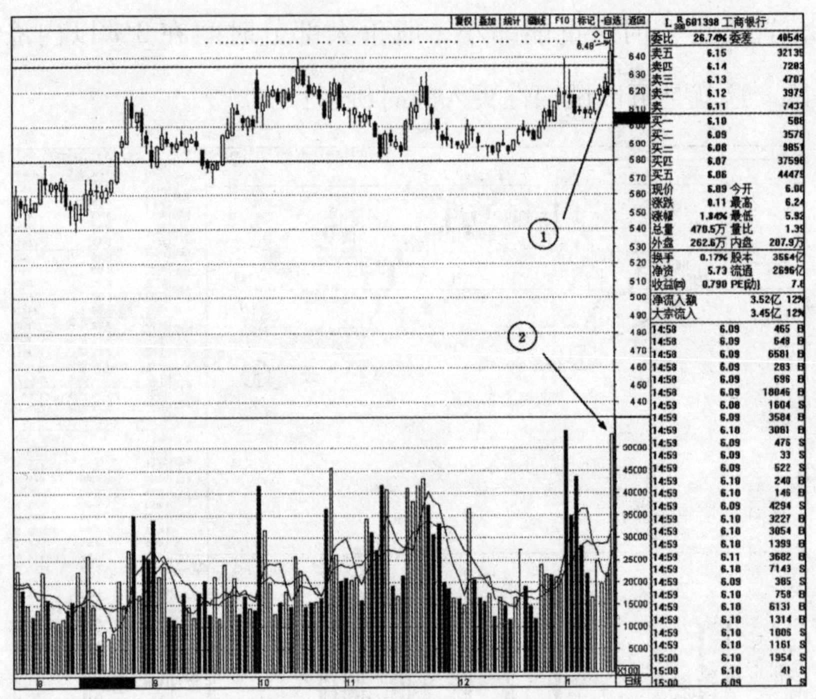

图 5-7　工商银行走势图

如图 5-8 所示，突破后，波段上涨超过 20%，直到 7.77 元才见到阶段高点。

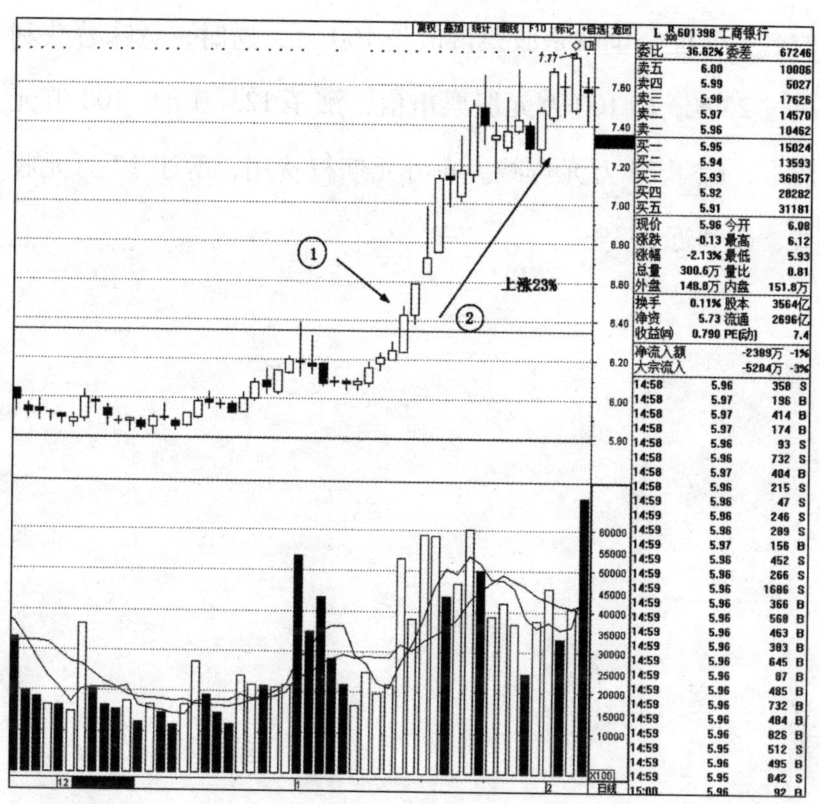

图 5-8　工商银行走势图

如果成功在 2018 年 1 月 15 日也就是箭头①处 6.30 元买入期权后，20% 的涨幅，加了股票期权工具后，再加上稳赚不赔的形态做支撑，波段收益做到翻倍是十分轻松的事！

该股从箭头①处 6.30 元涨到 7.77 元，上涨 1.47 元，到箭头②处 23% 的涨幅。假如该股的期权费是 6 万元，对应的名义保证金也就是股票市值是100万，这时，意味着获利超过23%。即100万元股票市值，涨至123万元，100万元成本，赚了23万元再减去6万元期权费用，等于17万元收益，获利近283%。

第二节 最大最快的获利战法

各位投资者看了刚才的案例后，是否还想要找到更多的获利方法呢？接下来介绍一种快速最大化获利的平台买入战法。

平台买入战法分为大平台战法和小平台战法。

首先，介绍大平台战法。

大平台战法需要满足以下三个条件：

第一个条件：盘整平台阴阳互现，涨跌幅度尽量在5%以内。

如图5-9为平安银行（000001）在2017年8月2日，在11.30元见顶，之后8月29日创出新高后开始盘整。而标准的盘整平台，是从2017年9月5日开始，直至2017年11月7日，收盘11.92元，突破前高11.70附近压力，突破盘整平台。

箭头①与箭头②处都是 11.70 元附近压力，从箭头①开始，到箭头②，再到箭头③处，都是小涨小跌的节奏，K 线很少有涨跌幅度超过 5% 的，而 11.70 元附近构筑了水平线压力。

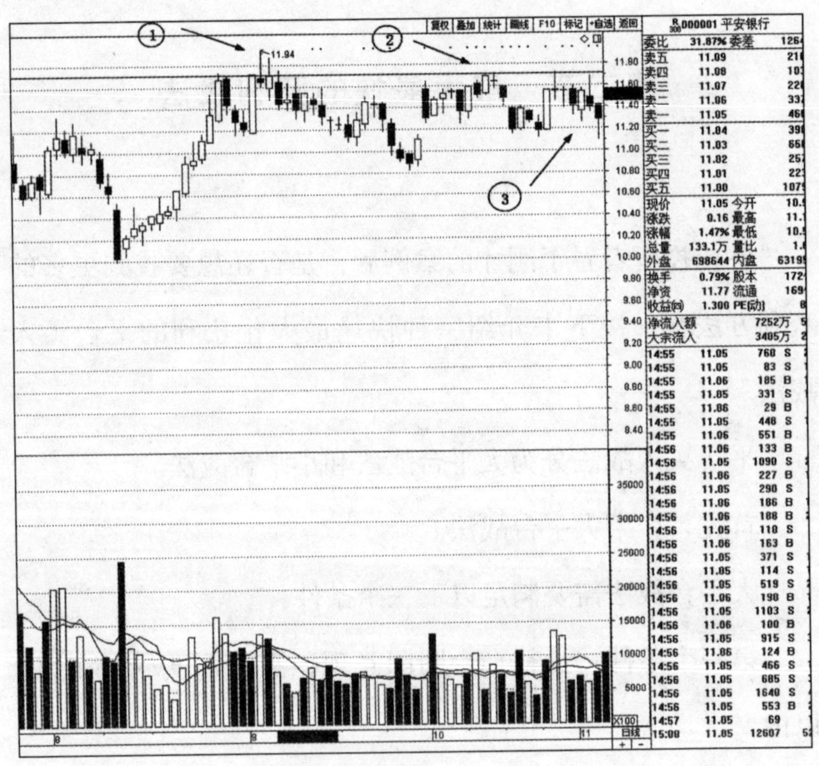

图 5－9　平安银行走势图

第二个条件：盘整平台的上沿压力要平整，下跌时要缩量。

如图 5 - 10 所示，箭头①处下跌缩量；箭头②处为 11. 70 元附近压力，像刀切一样平整；箭头③处下跌继续缩量，空头的力量释放得差不多了，只要多头吹起进攻的号角。正如俗话所说：只等一根大阳线，千军万马来相见！

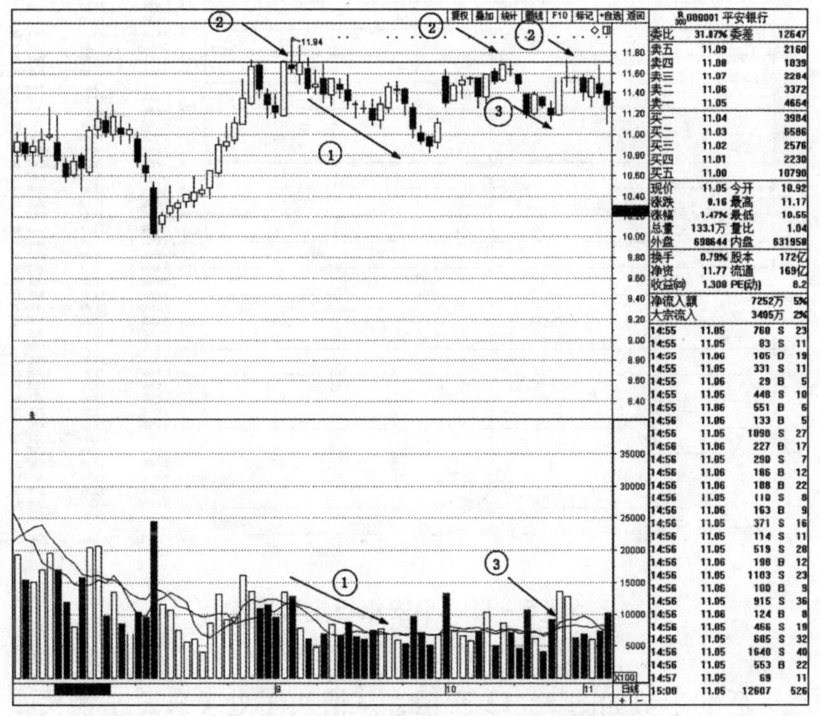

图 5 - 10　平安银行走势图

第三个条件：某一日收盘，突破平台，日线为放量阳线。

为什么说要收盘突破压力呢？因为收盘突破平台，才是有效的突破，否则可能面临假突破，不涨反跌的局面。

先看该股2017年11月7日分时走势图，一路上涨，下午稳健消化上方压力，最终收于11.92元，突破了前期高点的压力位如图5－11所示。

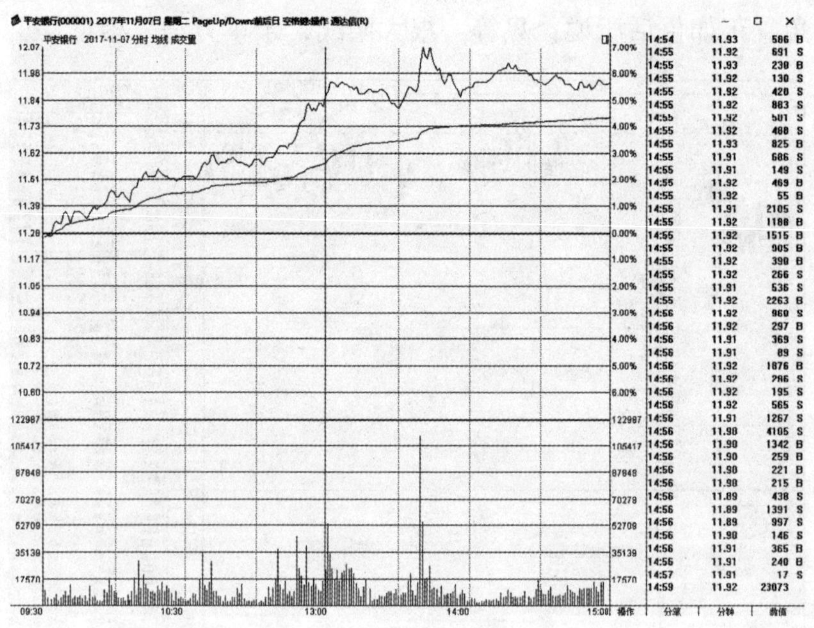

图5－11　平安银行走势图

后期走势如图5－12所示，从箭头①处突破，至箭头②处附近，近30%涨幅。假如该股的期权费是6万元，对应的名义保证金也就是股票市值是100万元。这意味着获利超过28%，即100万元股票市值，涨至128万元，减去100万元市值，再减去6万元期权费用，等于22万元的收益，获利367%！

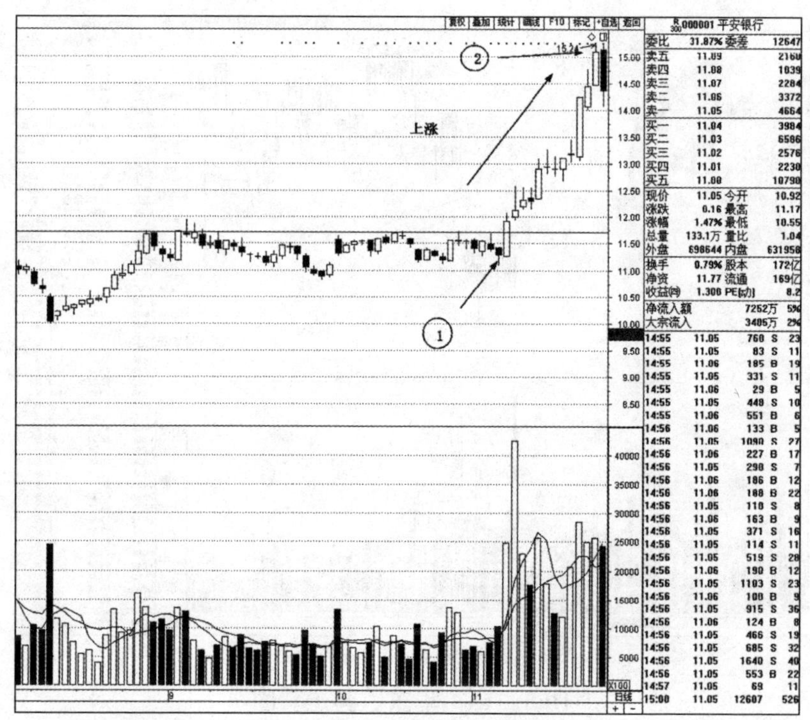

图 5-12　平安银行走势图

以上是大平台快速赚钱的战法！下面讲一讲小平台的战法!

小平台战法需要满足两个条件。

第一个条件：关键位置小平台。

如图 5-13 华东医药（000963）的走势图所示。

股价面临前期高点压力，量能缩到了极小的程度，导致平台构筑成功。箭头①处 K 线涨跌幅度不大，箭头②处量能极度萎缩。

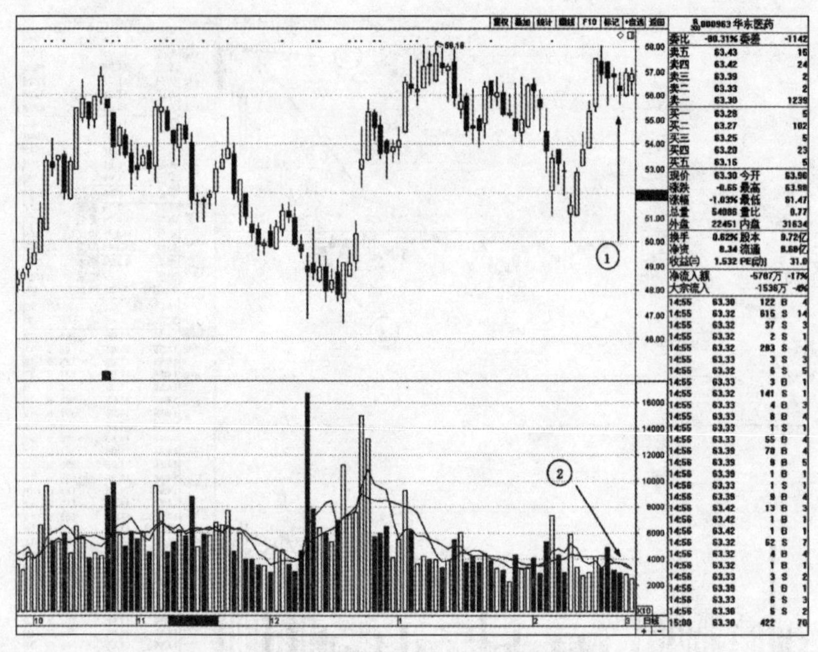

图 5-13　华东医药走势图

第二个条件：量价齐升，突破平台压力。

如图 5-14 所示，箭头①处突破了小平台，日 K 线为一根中阳线，而在下方箭头②处，量能出现了成倍的增长！从平台理论来讲，这都是一个极好的上涨形态，后市看涨！

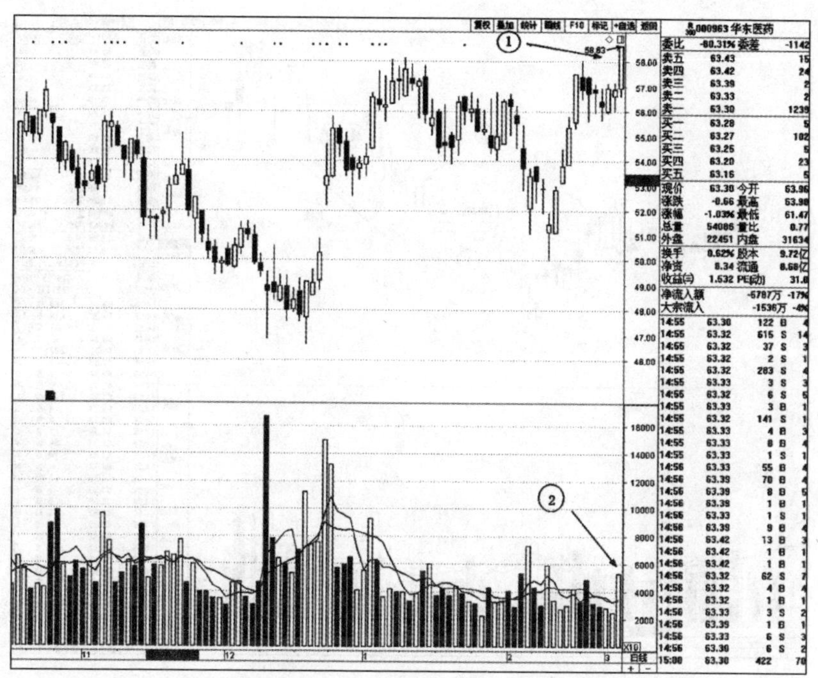

图 5－14　华东医药走势图

后市走势图如图 5－15。箭头①处为整理平台，箭头②处为突破平台的中阳线。

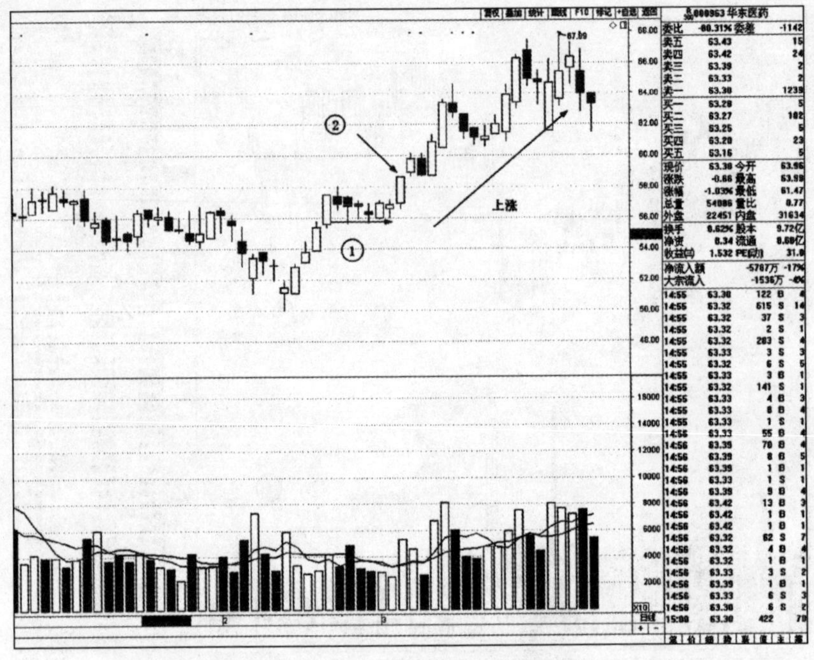

图 5-15　华东医药走势图

第三节　中国式波动率获利战法（连升独创）

波动率又叫 Delta，属于股票期权的三个关键因素之一，这也是最关键的因素。股票期权的三个关键因素分别是：权利金价格、波动率、时间。

波动率在一段时间内越大的股票，其权利金就会越高，因为期权的约定价格是一个月或三个月，甚至更久以后的约定价格，波动率大，未来到达约定价格的概率就大一些。

反之，权利金就越少。

那么，什么是波动率？为什么它对期权交易者如此重要？尽管期权交易者像标的资产交易者一样，也对市场价格变动方向感兴趣。但与标的资产交易者不同的是，期权交易者对市场价格变动的速度非常敏感。如果标的资产市场价格下跌速度足够快，那么基于该标的合约的期权价值将会降低，这是因为标的合约市场价格达到期权执行价格的概率降低了。在某种程度上，波动率是市场价格变化的测度。价格变化较慢的市场是低波动率市场，价格变化较快的市场是高波动率市场。

国外严格的波动率交易，涉及的方面较多，包括一些希腊字母，比如：

Delta：标的证券价格变动一个点，期权价格相应的改变量。

Gamma：标的资产价格变动 1 美元，对应的 Delta 变化率。

Vega：标的资产价格的波动率变动 1 点，对应的期权价值变动率。

Theta：在其他因素不变的情况下，期权价值随着时间（1 天）变化而变化的变化率。

还有一个重要的指数，叫作波动率指数（VIX）。

波动率主要有两种形式：历史波动率和隐含波动率。历史波动率也叫作“已实现”波动率，是按照客观的计算公式度量出的价格标准差，这涉及一些数学知识，这里不再详谈。

而隐含波动率是指隐含在期权价格中的波动率。期权的价值需要通过复杂的公式进行计算，影响其因素有标的价格，期权行权价格、距离到期日时间，股息和持有成本，另外一个影响因素就是波动率。

上文所讲的波动率比较官方，会有一些投资者看不明白，笔者根据自己多年的实战经验，总结出了适合中国股市，可以让中国股民理解的波动率战法。下面为具体战法：

股票在过去六个月的时间内，出现了三个月约60个交易日，股价涨幅超过30%的上涨波段，我们定义此股票为高振幅（高波动率）。

股票在过去六个月的时间内，出现了三个月约60个交易日，股价涨幅处于10%～30%的上涨波段，我们定义此股票为中振幅（中波动率）。

股票在过去六个月的时间里，出现了三个月约60个交易日，股价涨幅不超过10%的上涨波段，我们定义此股票为低振幅（低波动率）。

当股票符合高振幅条件时，我们可在股票价格出现下跌企稳时买入此股票期权，因为高波动率的股票，从低位上涨的幅度有保证，盈利就有了想象的空间，而继续下跌的风险则是可控的！

以格力电器（000651）为例。

如图 5－16 所示，2017 年 9 月 12 日—11 月 22 日，格力电器（000651）由低点 36.42 元起涨，波段高点在 48.19 元，涨幅超过 30%，我们定义此股票为高波动率股票。接着进行了调整与下跌，一旦再次起涨，波段涨幅大概率要超过 20%。当我们发现调整至缩量时，就可以进行期权的买入操作，往往后市有不错的涨幅。

如图 5－16 所示，在箭头①与箭头②处，量能缩小至较低水平，这时在没有突破前高之前，可以等放量阳线跟进，买入后，获利是大概率事件！

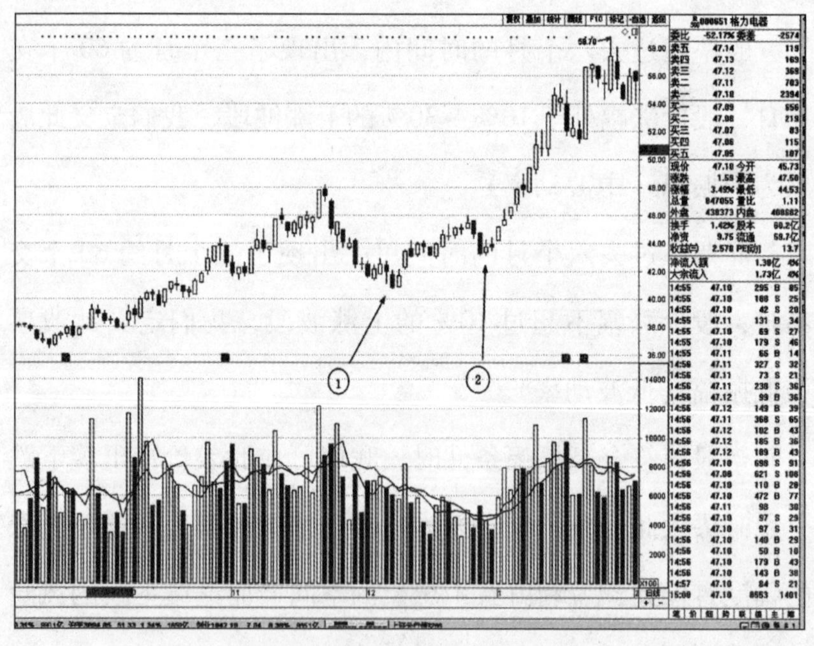

图 5－16　格力电器走势图

向下的亏损是有限的，最大的亏损就是期权费，而向上的收益是无限的。作为一笔交易，盈亏比是需要考虑的一项内容，上涨盈利与下跌亏损相比，盈亏比超过三比一是极其划算的！

在箭头①处 2017 年 12 月 8 日买入该股票期权，一路持有，两个月时间不到，涨幅超过 35%，期权操作可获取 400% 的利润。

下面再举个例子：

如图 5－17 为华泰证券的 K 线图。

2017 年 1 月 3 日至今，华泰证券（601688）股价最低点在 2017 年 5 月 8 日约 15.62 元，波段高点在 2017 年 9 月 5 日约 23.78 元，波段涨幅超过 30%，我们就可以定义此股票为高波动率股票。

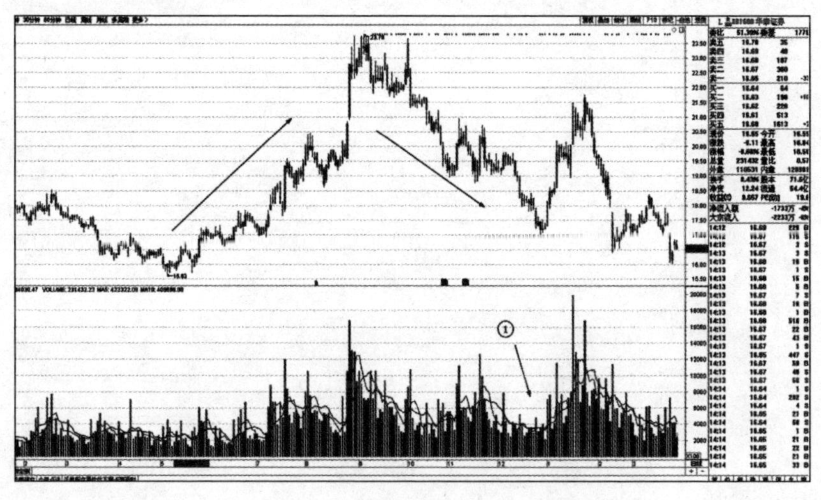

图 5－17　华泰证券 K 线图

高波动率的股票，经历了大涨后，下跌也是迅猛无比，短短三个月时间，从最高位置下跌了30%，当空头的力量被释放完毕，调整至缩量，机会就来了！

如图5－17箭头①处，量能缩小，这时就可以进行关注，一旦有放量阳线，送钱的行情就会展开。如果进行了期权操作，就可以从股票涨跌幅度，波动率大小来选定操作，一旦符合买入要求，反弹幅度可以覆盖期权成本，即超过10%，就会有盈利机会出现。

而实际操作中，从最高价跌至缩量位置后的反弹，也有近30%的涨幅，这些涨幅足够我们覆盖掉期权成本来获取盈利。如图5－18所示，在大波动率股票中的一段反弹走势。

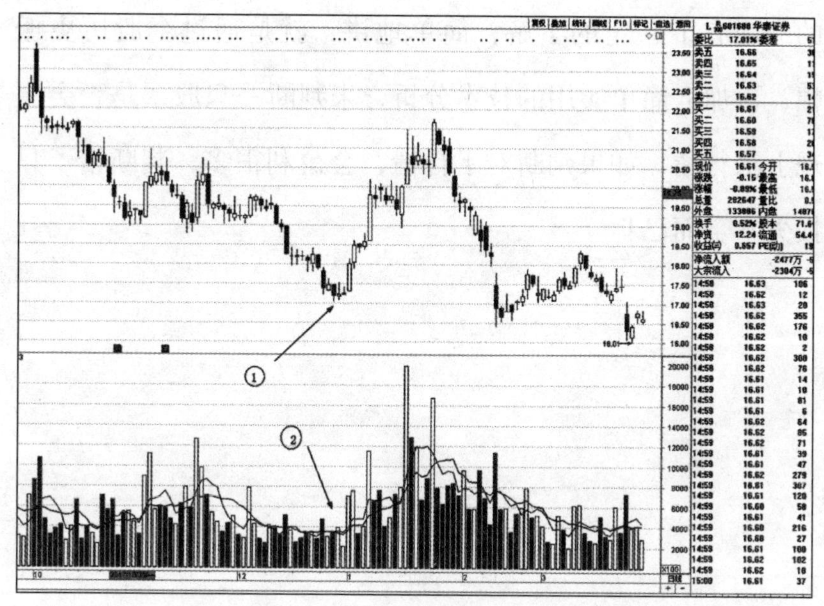

图 5－18　华泰证券 K 线图

在箭头①处经历了前一段时间的下跌后，K 线的长度变得短了起来，空方力量释放完毕，只需等放量中阳线发出上涨信号来进行操作。

这样的反弹走势，在一个月内有近 30% 的涨幅，期权操作可以收获近 200% 的收益，股票就是 30%。而下跌，用 100 万的股票设 6% 的止损，如果看涨期权费用是 6 万元，一旦股票没有出现上涨行情，反而下跌，亏损额也只是 6 万元。

通过上面两个例子，各位投资者是否对波动率在 A 股中的应用有了一定的了解？简单地讲，就是通过个股历史振幅，再加上简单实用的技术分析，来判断一只股票是否会出现上涨行情，如果判断对了行情，会盈利很多，判断错了只损失本金而已！

《孙子兵法》在股票期权的运用

《孙子兵法》作为中华民族文化的瑰宝，一直被古今中外的军事家所推崇，后来更是举一反三的被运用到政治、经济、外交、金融等各个领域。《孙子兵法》的内容可以说是文约旨远、博大精深、力透纸背，很多时候用的是排比句，读起来朗朗上口！

唐太宗李世民曾说过：朕观诸兵书，无出于孙子；孙子十三篇，无出于虚实！

可见《孙子兵法》对于古代帝王将相的重要性。

笔者自1994年大学读书时进入股市后，就一直在潜心研究《孙子兵法》与股市的关系！

同时，笔者作为孙子兵法协会的会员，更是有义务、有责任将《孙子兵法》发扬光大！

下面笔者就把《孙子兵法》如何运用到股票期权上的心得体会写出来，与各位投资者分享！

第六章

造　势

《孙子兵法》势篇说过：善战者，求之于势，不责于人；故能择人而任势。任势者，其战人也，如转木石；木石之性：安则静，危则动，方则止，圆则行。故善战人之势，如转圆石于千仞之山者，势也！

翻译过来就是：善于用兵打仗的人，总是努力寻求有利的态势，而不是对下属求全责备，并且能够选择人才去凭借、创造有利的态势。善于利用态势指挥军队作战，就如同滚动木头、石头一般。木头和石头的特点是，置放在平坦安稳之处就静止，置放在险峻陡峭之处就滚动。方的容易静止，圆的滚动灵活。

另一句：计利以听，乃为之势，以佐其外。势者，因利而制权也！

翻译过来就是：有利的计策被采纳后，还要设法造成有利的态势，辅助对外的军事行动。所谓态势，就是根据如何有利于自己的原则，灵活机动运用兵力，掌握作战的主动权。

这些都告诉股民，在股市上一定要会造势，也就是要能从各个方面去分析市场，具备全面的知识结构。从客观上要对国内、国外的政治、经济、军事等战略层面的情况有透彻的了解，只有这样，才能从全局的高度把握股市升跌的大趋势。正可谓是，不谋万世者，不足谋一时；不谋全局者，不足谋一域。

例如，在1999年5月8日，中国驻南联盟使馆被炸后，在股市引发了持续两年多的5.19行情。

同时在2014年股市重启IPO后也发起了一波牛市行情。按理说，IPO是应该导致大盘下跌的，但却导致股市上涨，笔者当时就认为IPO会引起大盘大涨，这种逆向思维是笔者根据多年的炒股经验和强大的知识结构分析成功的，并对当时的大盘进行了阐述，有当时笔者在东方财富网上发表的博客为证。以下为当时写的博客内容：

博客一 这种行情再不赚钱天理难容

（2014 年 7 月 2 日）

通过新股上市后的表现，导致上周 A 股新开账户激增至 13. 8 万户，大家热情高涨。

根据以往的经验，当投资者在打新股赚钱后，往往会把资金用在买别的股票上，这就无形中为股市增加了增量资金，这样至少可以消减掉新股上市的扩容，可谓是实质性的利好。

笔者在以前的博文中，就曾经说过管理层为了 IPO 能够成功，一定会在实质性的政策方面给予扶持，至少不会让大盘下跌。现在通过 IPO 后大盘没有下跌的市场表现，证明了笔者的说法是正确的！

在这种震荡性结构性的行情中，对于有一定水平的股民，特别是懂得笔者如何识别主力成本的四大要素的投资者，再不赚钱真的是天理不容了。

只要我们学会识别主力成本，也就是识别个股主力是处在建仓期、拉升期还是出货期，同时再与现在的各种题材相配合，就一定会在震荡性结构性的行情中抓到好的个股，而不是在电脑前天天看着别的股票上涨，自己的股票却不涨甚至下跌。

所以说在这种行情中再不赚钱的投资者，笔者要真心地忠告你：“一定要好好检讨一番自己，不要再怨天尤人了！一定要认真的学习炒股技巧了！”

博客二 大盘不跌已成为政治任务

（2014 年 8 月 12 日）

这几天笔者一直忙着利用股指上涨的机会操盘赚钱，在最近的行情中也获利不菲，所以就没有时间写博客。但看到很多投资者和很多分析师们对于大盘现在的情况并没有真正的本质性认识，所以就忍不住写篇文章和大家谈谈大盘为什么不能大跌。

笔者自 1994 年进入股市以来，已经将近 20 年了，在股市的前几年可以说是经历了太多的风风雨雨、坎坎坷坷，尝尽了其中的酸甜苦辣！

在前几年对一句投资格言一直不屑一顾，这句格言就是“三年学个手艺人，十年学个投资人”。直到经历了 5.19 行情、内部职工股上市、大小非解禁等几波大牛、大熊的行情后才真正地成熟起来。才明白了“三年学个手艺人，十年学个投资人”的真正内涵，而这已经有整整10年时间了。

之所以说“十年学个投资人”，是因为股市绝不仅仅是靠懂得经济、金融知识所能看懂的，而是还要涉及到政治、军事等方方面面的知识，这也是笔者在写的书中所说过的。

对于大盘最近的上涨，笔者要说的是：大盘不跌已成为政治任务。如果今天或某一天出现大阴线，也只是暂时的技术性回调。

为什么这样说呢？因为现在中国的经济前景还是有很多不确定性的。如果经济不好，人们就会失业，一旦失业者多了，人心就会涣散，社会就会动荡。所以通过发展经济来确保社会稳定已经成为高层的重中之重，也就是成为了政治任务。而高层为了发展经济，就必须确保企业能够发展，只有企业发展了，人们才能就业，才能有饭吃，才能稳定人心；而这些企业要发展，就必然需要资金。

但银行给这些企业贷款又会充满风险，而像2008年那样投入4万亿元刺激经济的方式又证明是错误的。

在这种情况下最好的方式就是让股市上涨，来吸引广大投资者参与。只有投资者热情高涨了，企业才能通过IPO融资成功，同时还可以让上市公司在缺少资金的情况下通过定向增发、配股等成功募集到资金。

所以现在股市的不跌已经成为政治任务。现在投资者要考虑的是如何在这波行情中赚到钱，而不是股市涨跌的问题。

另外，懂得笔者独创的量价理论的投资者，通过分析个股也可以看出：现在无论是有色还是煤炭等权重股、抑或小盘股，都有资金在进驻。

博客三　大声疾呼：千万不要再错过机会了

（2014 年 9 月 15 日）

当股指走到现在之时，有很多股民朋友问笔者："从 k 线图的形态看，指数已经在很高的位置了，大盘是不是要下跌了啊？"我笑着说："大盘就像一座山，当你站在山脚上向半山腰上望，你会觉得半山腰就很高了；但如果你站在山顶向山下俯瞰，你会觉得半山腰很高吗？"

认为股指是高还是低，其实是个人的炒股水平问题，而站在一座山上的位置则代表了炒股水平的高低。笔者认为，股指现在处在半山腰的位置。

为什么这样说呢？

消息面上，据港交所昨日公告，由上交所、中国结算、香港交易及结算所有限公司组织的第二轮市场演习已顺利完成。在此前基础功能测试基础上，本轮市场演习的内容主要是重点对系统压力测试场景、系统故障切换场景进行测试，验证各方技术系统的实时处理性能、容量配置和故障恢复能力。随着第二轮市场演习的完成，所有为准备沪港通推出的市场演习已基本结束。这无疑对大盘是实质性的利好。

从个股上分析，按着笔者的量价理论，现在很多个股都有大资金在疯狂地进驻吸筹，而这些主力在吸筹后，势必要拉升，这样就会带动大盘的进一步上涨。

所以笔者认为，大盘现在处在半山腰的位置，离山顶还有不少距离。

为此，笔者要大声疾呼："各位股民朋友，即使过几天大盘回调，也只是暂时的，请千万不要再错过机会了!"

通过以上几篇博客的回顾，说明一个优秀的投资者一定要具有全局思维，也就是会造势，只有这样才能把握住真正的机会!

第七章

速 战

一、兵之情主速，乘人之不及，由不虞之道，攻其所不戒也。

译文：用兵的情势就是要迅速，乘敌人措手不及的时机动手，走敌人意料不到的路线，攻击敌人没有戒备的地方。

二、是故始如处女，敌人开户；后如脱兔，敌不及拒。

译文：战争开始之前要像处女那样显得沉静柔弱，诱使敌人放松戒备；战争展开之后，则要像逃脱的野兔一样行动迅速，使敌人措手不及，无从抵抗。

三、故其疾如风，其徐如林，侵掠如火，不动如山，难知如阴，动如雷霆。

译文：军队行动时要似风一样迅速，队列似树林一样整齐，攻击时要像烈火一样毫不留情，防守时要像泰山一样稳固，军情隐蔽时如乌云遮天，大军出动时如雷霆万钧。

以上都是《孙子兵法》中所阐述的用兵速度要快的内容，说明了兵贵神速在战争中是多么的重要。

同样，股场如战场。股民在炒股票期权时就更是如此，因为股票期权有时间限制（例如一个月、两个月、三个月等），这就要求股民不能够长时间持有股票，为此股民的反应速度一定要快，要学会速战速决！在股票期权获利后，在合适时机就要迅速卖出，而不是过于贪婪，过于贪婪就会贻误战机。

第八章

智 战

一、上兵伐谋，其次伐交，其次伐兵，其下攻城

译文：上等的军事行动是用谋略挫败敌方的战略意图或战争行为，其次就是用外交战胜敌人，再次是用武力击败敌军，最下之策是攻打敌人的城池。攻城，是不利己而为之，是没有办法的办法。

二、故善用兵者，屈人之兵而非战也，拔人之城而非攻也，毁人之国而非久也！

译文：使敌人屈服而不依靠两军交战，拔取敌人的城池而不依靠强攻，毁灭敌人的国家而不必旷日持久。

三、故兵以诈立，以利动，以分合为变者也！

译文：用兵是凭借诡诈出奇兵而获胜的，根据是否有利于获胜决定行动，根据双方情势或分兵或集中。

四、智者之虑，必杂于利害。杂于利而务可信也，杂于害而患可解也！

译文：有智慧的将帅考虑问题，必然把利与害一起权衡。在不利条件下考虑到有利的因素，战事就可顺利进行；在有利条件下能考虑到不利的因素，祸患就可以及早解除！

以上四句话都是《孙子兵法》中以“智”用兵的精确描述。同样，投资者在炒股票期权时也要善于用智慧，这就要求投资者有足够强大的知识结构。

有句话说的好——“功夫在诗外”，股民不仅要对金融知识了解透彻，还要对金融以外的知识有所了解，甚至要有很深的了解。做到知识结构“纵向要深，横向要宽”，才能够成为一名优秀的股民，才能成为一名合格的股票期权投资者。

同时，还要对所掌握的知识有创造性的加工能力，这是一个“去粗取精、去伪存真、由此及彼、由表及里”的过程。只有做到以上这些，才能“运用之妙，存乎一心”，才能在股票期权市场上无往而不胜！

第九章

心　战

一、主不可以怒而兴师，将不可以愠而致战。合于利而动，不合于利而止。怒可以复喜，愠可以复悦，亡国不可以复存，死者不可以复生。

译文：君主不可以因为一时的愤怒就轻易发动战争，为将军者也不可以因为一时的不快而出兵作战。对于国家有利益的时候才能参与战争。否则一时的怒气过后也可以转怒为喜，但国家一旦灭亡后就不复存在，那些在战争中逝去的人们也不能够重新活过来了。

二、故将有五危：必死，可杀也；必生，可虏也；忿速，可侮也；廉洁，可辱也；爱民，可烦也！

译文：将帅有五个致命的弱点：只知硬拼，就有被杀的危险；贪生怕死，就有被掳的危险；刚忿急躁，就有被轻侮的危险；清廉自好，就有被污辱的危险；宽仁爱民，就有被烦扰的危险。

三、**故三军可夺气，将军可夺心。是故朝气锐，昼气惰，暮气归。故善用兵者，避其锐气；击其惰归，此治气者也。以治待乱，以静待哗，此治心者也。以近待远，以逸待劳，以饱待饥，此治力者也。勿邀正正之旗，勿击堂堂之阵，此治变者也。**

译文：对于敌方三军，可以挫伤其锐气，可使丧失其士气，对于敌方的将帅，可以动摇他的决心，可使其丧失斗志。所以，敌人早朝初至，其气必盛；陈兵至中午，则人力困倦而气亦怠惰；待至日暮，人心思归，其气益衰。所以善于用兵的人，敌之气锐则避之，趁其士气衰竭时才发起猛攻。这就是正确运用士气的原则。用治理严整的我军来对付军政混乱的敌军，用我镇定平稳的军心来对付军心躁动的敌人。这是掌握并运用军心的方法。以我就近进入战场而待长途奔袭之敌；以我从容稳定对仓促疲劳之敌；以我饱食之师对饥饿之敌。这是懂得并利用治己之力以困敌人之力。不要去迎击旗帜整齐、部队统一的军队，不要去攻击阵容整肃、士气饱满的军队，这是懂得战场上的随机应变。

通过《孙子兵法》以上内容可以看出，两军交战不仅仅是双方军事实力的较量，而且还是双方将帅心理素质的较量。那些轻浮、易躁的将帅，那些缺乏胆识、目光短浅、优柔寡断的将帅往往先败下阵来。那些稳重冷静、清醒理智的将帅，那些有胆有识，高瞻远瞩、果断勇敢、不屈不挠、顽强奋战的将帅常常能驾驭战局，取得最后的胜利，但这种素质的形成需要逐渐培养和训练！

从某种意义上说，股民与将帅没什么区别。如果你的股票期权价格开始迅速上涨，你的反应会怎样？如果期权价格开始直线下跌，看起来你的分析似乎错了时，你的心理素质是否会阻碍和阻止你抛出？或者哪怕是最微小的变化是否也会使你慌得赶快卖掉股票期权？你是否有耐心让你的利润继续增长或者见利就急于抛售？

所以作为股民，想成为优秀的顶级投资者，必须要控制好自己的心理，不能把握自己情绪的股民，将很难在股市上成功！

只有有了良好的强大的心理素质，才能做到“手中有股、心中无股”，才能在股市中立于不败之地！

附录

中国对西方金融战争的战略战法

这篇文章早在2011年笔者写第一本股票书的时候就已经发表!

这篇文章写作时参考并运用《孙子兵法》，毛泽东的《论持久战》以及蒋百里的《国防论》同时结合金融、经济等方面的知识。

有的投资者可能不知道蒋百里是谁。但如果说他是中国导弹之父钱学森的岳父大家就知道了。

在这里还要告诉大家，在抗日这场关系到中华民族生死存亡的残酷战争中，毛泽东的《论持久战》解决了抗日战争"能不能打赢日本"的问题，而蒋百里的《国防论》解决的是"具体用什么方法打赢日本"的问题!

笔者认为，自己写的这篇对西方金融战争的战略战法研究的文章既解决了“能不能打赢金融战争的问题”，同时也解决了“用什么方法打赢的问题！”

随着时间的流逝，转眼七八年过去了，笔者认为这篇文章越来越有价值了！因为自美国总统特朗普上台以来，就一直打着维护美国国家利益的名义去挑战世界规则，这里面也包括了金融、经济等很多方面。

在2018年3月23日凌晨，美国对中国发动了贸易战，对中国涉及高科技领域的行业加大征税幅度。

可以说，美国在中国经济脱虚向实、从低端制造业向高科技转型的关键时刻、从量变到质变的关键节点上，对中国的软肋狠狠地捅了一刀，但同时也暴露了美国对中国经济快速发展的恐惧。

在这种情况下，笔者写的《中国对西方金融战争的战略战法》就变得更有价值了！

因为金融战和贸易战都是类似的，所以这篇关于金融战争的文章一样可以运用到贸易领域，也就是适用于目前发生的中美贸易大战！

笔者作为中国人，深受中国古人“正心、修身、齐家、治国、平天下”的影响，为了中国的国家利益，特写出这篇文章。

在这里要说明的是，国家利益与体制、意识形态几乎没有什么关系。即使中国和美国的体制是一样的、意识形态是相同的。特朗普政府也会为了美国的国家利益对中国发动贸易战。就如同在20世纪80年代，美国为了自己的国家利益，逼着体制和意识形态都一样的日本签订《广场协议》一样。

对于这篇文章的内容，个人认为受制于自己的知识结构和无法得到更多具体的信息，所以写的并不全面。只是希望能作为引玉之砖给一些有识之士些许的启发，本人将深感宽慰和荣幸！

这篇文章在结构上按着毛泽东的《论持久战》，将对西方的金融战争分为战略防御、战略相持和战略反攻三个阶段。

下面为文章内容。

"故善战者，屈人之兵而非战也，拔人之城而非攻也，毁人之国而非久也，必以全争于天下，故兵不顿而利于全，此谋攻之法也。"

——《孙子兵法·谋攻篇》

“必以全争于天下”的意思是要全面动员，全盘谋划，用全胜之策来争胜于天下。经济是一个国家的基础，金融战自古就是削弱甚至消灭敌国的重要手段之一。

春秋战国时期越王勾践灭吴就使用了金融战。文种破吴七术：“一曰捐货币以悦其君臣；二曰贵籴粟囊，以虚其积聚；三曰遗美女，以惑其心志；四曰遗之巧工良材，使作宫室以罄其财；五曰遗之谀臣以乱其谋；六曰疆其谏臣使自杀以弱其辅；七曰积财练兵，以承其弊。”这里的“二曰贵籴粟囊，以虚其积聚”就是金融战的具体阐述！

金融经济战争作为现代经济战的集中体现，本质相当残酷，影响非常巨大。1985 年，强大的日本经济由于美国逼着日本签订《广场协议》所造成的财富损失，远远超过二次世界大战日本战败所导致的财富损失。因此，我们必须在金融领域积蓄实力，积极守住阵地并伺机向西方反攻，后发制人，徐徐图之，直至夺取最后的全面胜利。

抗日战争期间，毛泽东在《论持久战》一书中指出，中日战争要经历三个阶段：第一个阶段，是敌方战略进攻、我方战略防御的时期。第二个阶段，是双方战略相持的时期。第三个阶段，是我方战略反攻的时期。

纵观世界金融领域之态势，面对强大的外资对手，我国金融业将长期处于战略防御阶段。原因如下：

第一，资金和技术上的劣势决定了我国目前在金融领域处于战略防御阶段。

从近年来中外企业之间发生在金融领域的几起大事件可以很明显地看出来这一点。

先说著名的“中航油事件”。在新加坡上市的中国航油股份有限公司（简称：中航油）曾于2003年被《求是》杂志盛赞为“中国企业走出去战略棋盘上的过河尖兵”。同时，国资委也表示，中航油是“国有企业走出国门、实施跨国经营的一个成功典范”。然而仅仅过了一年多，中航油便宣布因石油衍生产品交易（做空石油期货）总计亏损5.5亿美元并申请破产保护，举世震惊。

2003年第四季度，中航油做出错误判断，在国际油价上升的趋势中大量出售看涨期权，截至2004年1月31日，已亏损1100万美元，主要原因就是在石油期权交易中输给了高盛集团旗下的杰润公司。面对巨亏，中航油及其母公司——中国航油集团曾竭力试图力挽狂澜。2004年10月，中国航油集团将所持上市公司的部分股份折价配售给机构投资者，筹得1.11亿美元暗中用于补仓。然而，由于国际油价仍在不停攀升，亏损额持续扩大。自2004年10月26日起，中航油由于资金链断裂，被迫在55.65美元的高价位开始斩仓，此后卖出的石油期权平均价格为48美元/桶。而期权协议规定的到期行权时间分散在2005—2006年的一年内。自2004年12月起，国际油价即开始一路下跌，如果中航油能坚持到2005年，则亏损额将大为减少，甚至可以盈利。可是在重重资金压力下，中航油的期权仓位已经于2004年11月底被提前斩仓完毕，当期亏损5.54亿美元。国际知名评级机构对此评论说：只需要再多5000万美元，中航油就可以走出困境。

2005年2月期《中国企业家》的封面文章《谁搞垮了中国航油?》中，重要当事人之一的中航油高管陈久霖回答记者提问时这样说道："近年来，国际资本长期觊觎我国企业，尤其是能源企业和海外中资企业；国际竞争对手一直有意挤压中资企业。一个明显的例证就是，日本三井、美国高盛公司等先是给中航油'放账'操作期权，即在一定金额范围内不用收取保证金；后又允许挪移盘位，对挪移盘位的风险也没有说明。后来等到油价冲到历史高点时，突然取消放账、提高保证金比例，逼迫中航油斩仓。"在整个事件中，日本三井能源风险管理公司、三井住友银行、美国高盛集团的杰润公司分别扮演了不同的角色：有的是中航油的逼仓对手，有的是中航油的借款人，有的为中航油提供居心叵测的建议诱使其走入深渊。

我们再看一个例子。2008 年 10 月 20 日，中信泰富公司宣布由于澳元大贬值跌破公司锁定的汇价，公司须按买入的杠杆式外汇合约每月接货。短短 3 个月已造成 8 亿多港元的实际亏损及 147 亿港元的账面损失，有关金额接近公司市值的一半。同时，如果澳元持续下跌，损失将更多。2008 年 12 月 2 日，中信泰富发出股东通函，披露了与其签下杠杆式外汇合约的对家及其合约内容。通函显示，过去两年中，中信泰富分别与花旗银行香港分行、渣打银行、美国银行、瑞信国际、法国巴黎银行香港分行、摩根士丹利资本服务、国开行、德意志银行、汇丰银行等 13 家银行签下了总共 24 款外汇累计期权合约。这些杀机四伏的合约，狡猾奸诈的对手，让中信泰富陷入了极其危险的巨亏深渊。

虽然后来中信泰富的母公司——北京中信集团出手接下这笔烂账，并向其提供了 15 亿美元备用信贷，但巨大的损失已经难以挽回，而该事件对中国的红筹股整体造成了严重的负面影响，引起上级相关部门高层的高度重视，同时，相关负责人被迫黯然辞职。

2008 年，又一家中国企业——深南电悲剧性地陷入了与高盛旗下杰润公司的对赌圈套。与中航油的案例类似，对赌的也是国际石油价格。只不过高盛当年是唱多，这次却唱空。双方当事人共签署了两份确认书。第一份的有效期从2008年3月3日—12月31日，分三种情况：当期限内纽约商业交易所当月轻质原油期货合约收市结算价的算数平均值（简称浮动价）高于63.5美元/桶时，深南电每月可以获得30万美元；当浮动油价介于62美元/桶至63.5美元/桶之间时，深南电可获得“（浮动价-62美元/桶）×20万桶”的收益；当浮动价低于62美元/桶时，深南电每月需向高盛支付“（62美元/桶-浮动价）×40万桶”等额的美元。第二份确认书与第一份类似，但浮动油价上调了2.5~3美元，深南电承担的风险进一步加大，期限为2009年1月1日—2010年10月底。

对赌双方签约时的2008年3月国际油价为108美元/桶，月均价93美元/桶，且处于上涨通道之中（最高曾一度突破140美元/桶）。第一份协议执行的前几个月内，深南电每个月从高盛手中获得了大约30万美元的收益。然而，这些甜头只是将深南电引入无底深渊的诱饵。

国际油价从2008年7月起开始暴跌。按照第二份确认书中的协议，如果纽约商业交易所轻质原油期货油价在60

美元/桶，深南电每月将亏损180万美元，如果油价在50美元/桶或以下，则每个月亏损580万美元。最可怕的事情发生了。2008年11月，国际油价恰如高盛所期待的那样跌破60美元/桶，并于12月逼近40美元/桶。

虽然第二份合约在2008年年底被双方协商终止，但深南电已经在石油期权市场上遭遇重挫，并因此陷入严重国际金融纠纷——2009年11月高盛对深南电紧追不舍，开出价值5.71亿元人民币的索赔金额。这超出了深南电该年前三季度净利润的两倍多。

据公开报道，在2008—2009年金融危机中因为国际期权合约而蒙受巨大亏损的中国著名企业还有ST东航、中国国航，以及中国远洋——可能这些还仅仅是浮出水面的冰山一角。2009年10月，时任国务院国资委副主任李伟曾在《学习时报》发表文章称，央企投资金融衍生产品业务普遍发生浮亏和损失，当然首先要从企业自身找问题，但也与国际投行恶意兜售带有欺诈性的、设计复杂的高杠杆产品有很大的关系。中国企业遭遇金融衍生产品投资滑铁卢，一些外资国际投行可谓是罪魁祸首。

最近，在中国最大的家电零售连锁企业国美电器的黄陈之争中，外国资本悍然不顾人民群众的舆论和国美创始人黄光裕的诉求，在 9. 28 的投票中毅然支持陈晓就更加说明我们的民族资本处于战略防御阶段。

上述惨痛的教训说明，中国企业在金融领域与外资对手较量时，无论是从资金上还是从战术技巧水平上来说，都远远比不上对手。这是我们不得不承认的残酷现实，也是中资企业在国际金融领域不得不处于战略防御阶段的主因。

第二，心理和思维上的局限导致了我国目前在金融领域处于战略防御阶段。

俗话说："艺高人胆大"。如果"艺不高"，甚至是多次遭到强势对手的欺负，胆子自然也就难以大起来。由于在金融领域的战术水平还不够高，使得我国企业即使拥有一定资金，往往在真正的机会来临时也过于谨慎，畏首畏尾不敢主动出击。2008 年的金融危机本是一个主动出击的好机会，但是大多数中国企业也是画地为牢持币观望，结果导致我们丧失了很多收购外国资产的良机。而华尔街的股神巴菲特却非常明智，到处主动出手，趁机有选择地入股或收购公司，获利颇丰。而中国的某些企业不仅错过真正的投资机会，又在自己并不擅长的金融衍生品种上栽了个大大的跟头。

现在市面上不断涌现《货币战争》《黄金保卫中国》之类的书籍，这些书大力倡导在现阶段囤积黄金。毫不客气地说，这只不过是局限于防守的主张而已，不足以作为全局指导。之所以会形成这样的思维，或许是因为他们长期目睹中国金融市场相对于西方处于弱势，从而形成了一种过于注重防守的思维惯性。然而要想真正有效地保卫中国金融市场，光靠防守还是远远不够的。一味防守的弊端，正如《孙子兵法》中所言："备前则后寡，备后则前寡，备左则右寡，备右则左寡，无所不备则无所不寡。"

第三，在金融领域缺乏成熟的市场环境和足够的优秀人才，也导致了我国目前处于战略防御阶段。

中国目前的资本市场还是非理性投资者占主导地位的市场，虽然公募基金占的权重很大，是市场主导力量。但很多基金管理者的能力太差，连在中国股市操作都难以成功，更别说去国际金融市场了。

由于我国金融市场还不够成熟，市场监管体系也还不够完善，管理层担心某些金融衍生品的推出，作为一把双刃剑会增大非理性投资市场的风险而不是规避风险。所以国内的股指期货融资融券虽然在 2007 年已经被提出，但直到 2009 年年底才获得批准，2010 年 4 月 16 日才上市。在这样的大环境下，我国市场上其他金融衍生工具，更是和华尔街没法相提并论。如此就势必导致国内的大批金融人才，尤其是天才无法得到有效的实战锻炼。人才没有得到足够的实战锻炼，相关操作经验匮乏，而对方却精通使用这些先进的金融衍生工具，那就如同在战争中，敌人有着更完备的训练系统和极其先进的武器，但我方的战士们只是听说过却没拥有，必然处于很严重很危险的劣势。

如今西方的资本集团正在大规模入侵我国包括金融领域在内的各行各业，来势空前汹涌。毫不夸张地说，中华民族的经济安全已经到了最危险的时刻。只靠去华尔街学习的少数留学生，显然难以解决我国在金融战争中所面临的危机。

对于我国而言，第二阶段的战略相持阶段和第三阶段的战略反攻阶段将是极其漫长的过程，可能需要花费几十年甚至数百年的时间。因为金融战争和军事战争不同，军事战争多数可以在短期内决出胜负，而金融战争的一个显著特点就是旷日持久，得徐徐图之。

第二阶段——战略相持阶段。

在七八年前，笔者认为中国还将长期处在战略防御阶段，但随着中国经济的飞速发展，笔者认为中国现在已经发展到了第二个阶段，也就是到了战略相持阶段，为什么这么说呢？

这是因为，最近发动的中美贸易大战，让笔者感觉到已经进入了相持阶段。

美国之所以要对中国发动贸易战，是因为中国经济、军事等各方面发展得太快，对美国造成了他们自认为的巨大威胁。

下面看看中美贸易大战的过程，北京时间 2018 年 3 月 28 日凌晨 0 时 50 分，美国总统特朗普在白宫正式签署对中国加大征税的领域，如图 1 所示：

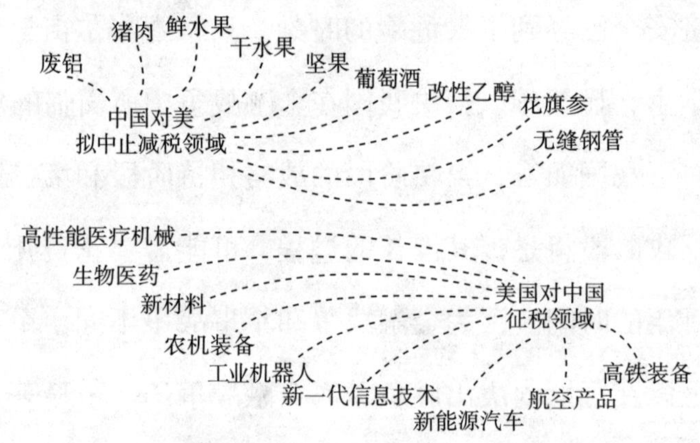

图 1　中美贸易战涉及的领域

通过图 1，我们可以看出美国制裁的是新材料、新能源汽车、高铁、工业机器人等高科技领域。

这可是在未来几十年具有竞争力的行业，美国跟我们比，有些行业比我们强，但等比我们强的行业，不一定比我们进步的快。

所以美国这次跟中国贸易大战的目的很明确，就是要延缓中国在高科技领域的快速突破，延缓中国经济从量变到质变的时间。

科技是流动的，如果中国在新材料、新能源汽车、工业机器人、人工智能、电磁武器上取得突破，结果就是战略平衡发生重大转变，正如中美经济与安全审查委员会指出的那样，中国的技术实力会构成潜在的威胁。我们正卷入一场获取知识的全球竞赛，美国国家科学基金会主席弗郎斯科尔多瓦说，“我们今天可能是创新领导者，但其他国家正快速取得进展”。中国将其经济马车拴在先进技术上并不足为奇，重要的是我们是否有意愿和能力认清这一点并做点什么。

所以，美国之所以发动贸易战，恰恰证明了中国已经从战略防御阶段成功进入到了战略相持阶段，只有进入战略相持阶段，美国等西方国家才会发现原有的对中国战略咄咄逼人的战略进攻态势已经不复存在，才会在绝望之中发动对中国的贸易战。美国对中国进行反击，正可谓困兽犹斗。

所以笔者认为，中国对西方的金融战争已经进入到了战略相持阶段。

接下来将进入第三阶段——战略反攻阶段。

这一阶段什么时候到来，实在很难预测。为什么这样说呢？因为当我们在进步时，他们也同样在进步。虽然我们的攻击能力变强了，攻击手段增多了，但对手们的防守也会变得更加严密。

事实上，往往是金融市场越发达的国家，其金融防御能力也就越强大。例如美国，早在金融证券业刚刚开始成为庞大的新兴产业的 20 世纪 90 年代初期，美国就通过专门立法，对外资银行进入美国设置了强大的金融壁垒，形成第一道金融防御体系，成功地把外资机构排斥在银行业的主流业务之外，使得外资银行要么根本进不去，要么就是进去也活不长久，从而保证了美国金融霸主地位的巩固和发展。除了立法阻挡外资银行的这第一道金融防御之外，美国还有两道金融防御，就是金融监管集团和共同诉讼制度。即使某天美国取消了对外资银行进入的限制，由具有高度爱国精神和敏感政治嗅觉的金融监管集团构成的第二道防御，仍然能让外资机构难以在美国获得平等竞争的条件。如果将来美国在此基础上进一步完善措施，加强金融防御，我们进攻起来就更加难以下手了。

为了迎接金融反攻阶段的到来，我们只能向先贤学习，像《孙子兵法》中所说的那样去做：“昔之善战者，先为不可胜，以待敌之可胜，不可胜在已，可胜在敌，故善战者能为不可胜，不能使敌之可胜；故曰：胜可知而不可为也！”

第三阶段将是在我们做好充分准备后，还要耐心等待对手出现纰漏时再对其发动致命一击的决胜阶段。这一阶段的到来，需要注意以下几个方面：

其一，先为不可胜。面对强敌，我们自己一定不能乱，要防守严密，不要被对手打乱或击破阵脚。世界经济一体化已是大势所趋，很多传统的势力格局必将重新洗牌。我们如何能在对手乱时而自身保持不乱，那必将是一个很大很重要的学问，值得广大有识之士用心研究。

其二，以待敌之可胜。世界上没有绝对完美的事物，存在就必然会有破绽。但如果对手还没有出现值得出手的破绽，而是防守严密秩序井然，那么我们千万不可冒险大举进攻，只可试探。只有发生像 2008 年金融危机这类的国际大事件，并且面对这种机会，我们的准备已经足够充分了，才可以放手进攻，乘机大举收购或入股国外金融公司、实体经济等。

其三，攻其一点。攻其一点的意思就如同用兵一样，当想攻下敌人的阵地时，就要在敌人阵地某个防御薄弱的地方集中优势兵力、火器展开强有力的攻击，当此地被攻下后，再扩大战果。同样在金融战中也是一样的，当华尔街在某个金融品种中产生分歧或发生不利于其的变故时，例如农业中的小麦或大豆，这样我们就可以对这一金融品种发动进攻，用几倍于对手资金在局部取得优势，从而战胜对手。得手后再瞅准机会对另外的品种发动进攻，这样就可以“积小胜为大胜”。同时也可以积累金融战的经验，为未来的战略决战打下坚实的基础。

其四，进行战略迂回。“兵之形，避实而击虚”。解放战争时期，在东北的人民解放军，面对国民党军队，无论从人员数量还是武器装备上都处于劣势，在这种情况下，共产党高层果断提出“让开大道、占领两厢”的战略，也就是放弃国民党实力占优的大中城市和交通线，放手在小城市和农村发动群众、展开斗争。这样就为取得最终的胜利奠定了很好的战略基础。

同样在华尔街强、我相对弱的不利情况之下，我们可以先占领第三世界国家的新兴金融市场，如越南或一些整体经济实力比我们弱小的经济体的市场。

但有一点需要强调，我们将来应该避免再犯当年日本人收购洛克菲勒中心那样的错误。日本人之所以失败，笔者认为，一是日本作为岛国所导致的急功近利心态；二是当时的美国经济依然还很强大。《孙子兵法》有云：“善战者，求之于势”。显然日本人没有把握好“势”，没有瞅准时机，出手过于急切了。但是如果日本人收购洛克菲勒中心的行动刚好处在美国发生世界金融危机的期间，结局很可能将大不一样，鹿死谁手犹未可知。

前事不忘，后事之师。只要我们不急不躁、步步为营、稳扎稳打，在关键时候再善于使用奇谋。真正做到“以正和，以奇胜”，最后的赢家就必将属于伟大的中国！

股票期权名词解释

1. 期权合约：是指交易双方约定在未来某一约定的时间以某一约定的价格交换某一约定数量的某种标的资产的合约。

2. 行权价：期权合约中约定的价格，被称为期权行权价格或者敲定价格。

3. 个股期权：是指交易双方约定在未来某一约定的时间以某一约定的价格买卖某一约定数量的某只证券或者 ETF 的合约。

4. 到期日：是指个股期权合约截止的日期，个股期权合约到期之后，个股期权买方不再享有权利，个股期权卖方也不再承担义务。到期日也就是个股期权买卖双方最后的交易日。

5. 权利金：是指个股期权合约的市场价格，个股买方将权利金支付给个股期权的卖方，从而获得个股期权合约所赋予的权利。

6. 个股认购（看涨）期权：是指个股期权的买方有权在某一约定的时间以某一约定的价格向个股期权的卖方买入某一约定数量的某只证券的个股期权。

7. 合约人名义面值：是指一张个股期权合约所对应的合约标的证券按个股期权行权价计算的价值。

8. 行权日：是指个股期权买方可以提出行使权利的日期。沪深交易所个股期权行权日就是个股期权最后交易日。

9. 行权交收日：是指个股期权买方提出行权后标的证券或资金交收的日期。上交所的个股期权合约行权交收日为个股期权行权日的下一个交易日。深交所期权合约行权交收日是完成实物或现金交割的日期，正常情况下，深市个股期权交收日是T+1日，ETF交收日是T+2日。

10. 美式个股期权：是指个股期权买方可以在个股期权到期前任一交易日（包含交易日）行使权利的个股期权。

11. 欧式个股期权：是指个股期权买方只有在个股期权到期日才能行使权利的个股期权。

12. 实值个股期权：是指个股认购期权的个股期权行权

价格低于其所对应的证券的当前市场价格，或者个股认沽期权的个股期权行权价格高于其所对应的标的证券的当前市场价格的个股期权。实值个股期权又称价内个股期权。

13. 平值个股期权：是指个股期权行权价格等于其所对应的标的证券的当前市场价格的个股期权。平值个股期权又称价平个股期权。

14. 虚值个股期权：是指个股认购期权的个股期权行权价格高于其所对应的标的证券的当前市场价格，或者个股认沽期权的个股期权行权价格低于其所对应的标的证券的当前市场价格的个股期权。虚值个股期权又称价外个股期权。

15. 内在价值：只有实值个股期权才有内在价值，平值个股期权与虚值个股期权都不具有内在价值。实值个股认购期权的内在价值等于当前标的证券的市场价格减去个股期权行权价格，实值个股认沽期权的内在价值等于个股期权行权价格减去其所对应的标的证券的当前市场价格。

16. 权利方：买入个股期权获得权利后，所仓位为权利仓，持有权利仓的一方为权利方。

17. 义务方：卖出个股期权合约承担义务后所拥有的仓位为义务仓，持有义务仓的一方为义务方。

18. 备兑开仓：该策略是指当投资者持有股票时，可以卖出所持有股票的个股认购期权，一般是卖出虚值个股认购期权，以此作为从持有的股票获利权利金收入的策略。该策略需要现券担保，而不需要缴纳保证金。

19. 保险策略：该策略是指投资者持有股票并买入相应个股认沽期权的策略。该策略能为持有股票的投资者提供股票短期下跌的保险。

20. 限仓制度：沪深交易所对个股期权交易实行投资者限仓制度，也就是对参与交易的投资者的持仓数量进行限制，即规定投资者可持有的，按单边计算的某一标的证券的所有个股期权合约持仓（含备兑开仓）的最大数量。

21. 限购制度：沪深交易所对个股期权交易实行限购制度，也就是对参与交易的个人投资者实行限购制度，即规定个人投资者个股期权买入开仓的资金规模不得超过其在证券公司账户净资产的一定比例。

22. 限开仓制度：沪深交易所对个股期权实行限开仓制度，即在任一交易日结束时，同一标的证券相同到期月份的未平仓个股认购期权合约（含备兑开仓）所对应的个股期权合约标的证券的总数超过个股期权合约标的证券流通股本的30%时，自此一交易日起，限制该类个股认购期权开仓（包括卖出开仓与买入开仓），但不限制备兑开仓。

23. 开仓：是指投资者通过在市场上买入或者卖出个股期权建立仓位。

24. 平仓：对已持有的个股期权仓位进行反向操作叫作平仓。

25. 限价订单：投资者自行设定价格，买入时成交价格不高于该价格，卖出时成交价格不低于该价格，该指令当日有效，未成交部分可撤销。

26. 市价剩余转限价订单：投资者不用设定价格，按当时市场即时价（买一价或者卖一价）成交，未成交部分转为限价订单（按当时成交价格申报）

27. 市价剩余撤销订单：投资者不用设定价格，按当时市场即时价（买一价或卖一价）成交，未成交部分自动撤销。

28. 隐含波动率：隐含波动率是指通过个股期权的现时价格反推出其对应的标的证券价格在未来个股期权存续期内的波动率，是市场对未来个股期权存续期内标的证券价格的波动率判断。

29. 历史波动率：历史波动率是指对标的证券价格在过去一段时间内变化快慢的统计结果，是从标的证券价格的历史数据中计算出的价格收益率的标准差。

30. 波动率：波动率是衡量标的证券价格波动程度的指标。在其他变量不变的情况下，合约标的证券波动率较高的个股期权具有更高的价格。

后记

英雄论

三国时期，曹操和刘备青梅煮酒论英雄，曹操激昂澎湃地说：英雄犹如龙也！龙能大能小，能升能隐；大则兴云吐雾，小则隐介藏形；升则飞腾于宇宙之间，隐则潜伏于波涛之内。方今春深，龙乘时变化，犹人得志而纵横四海。夫英雄者，胸怀大志，腹有良谋，有包藏宇宙之机，吞吐天地之志者也！龙之为物，可比世之英雄。今天下英雄，惟使君与操耳！

清朝著名文人毛仲岗在评价这段话时说：盖天下唯英雄最识英雄，不识之于富贵之日，而应该识之于磨难之时。

《人物志》有云：“聪明秀出，谓之英；胆力过人，谓之雄”。

英可以为相，雄可以为将。二者合一，方为英雄！

笔者认为，英雄最大的特质就是能够忍辱负重！

何为忍辱负重？

一句名言说过：衡量一个人成功的标志，不是看他登到顶峰的高度，而是看他跌到低谷的反弹力！

如楚霸王项羽在垓下之战失败之后，就完全丧失了斗志，自刎于乌江岸边，而不能忍辱负重地到江东去休养生息，以便东山再起！

所以后人有诗云：

胜败兵家事不期，包羞忍耻是男儿，

江东子弟多才俊，卷土重来未可知！

同时，发出了“至今思项羽，不肯过江东”的感慨！

这就不得不提到现在的股民朋友，当股民朋友真正长时间地融入股市，就会发现，股市并不像自己想象的那样容易赚钱，相反会遇到很多的不如意，很多的挫折，事情从来不会如同你所想的那样去进行。

当你遭受这些困难和痛苦的时候，你才会明白，要实现你的目标是多么的不容易，你会开始退缩，畏惧所有阻挡在你眼前的障碍。

如果你遇到这些困难，感到支撑不下去的时候，你应该意识到，决定你命运的时候到了！

于是有人沉沦，有人崛起。英雄就是在此时出现的，因为这个世界上本来就不存在着天生的英雄，没有谁一生下来就文韬武略、聪明神武、坚强勇敢。

所以英雄这个称号，并不单单属于那些建功立业，名留青史的人，事实上，所有懂得什么是困难并战胜困难的人都是英雄。

当你成功后，你会回忆起：在那个困难的时刻，我曾做出了勇敢的选择，我是当之无愧的英雄！

这就是笔者所认为的真正的英雄。

英雄与否的关键只在于处在困难的一刻，你是选择战胜他，还是躲避他。

知名企业家褚时健在75岁时仍能东山再起，其种植的橙子被人们称为“褚橙”，已经成了百折不挠、自强不息的象征！笔者认为，这就是真正的英雄！

笔者希望这些人不要成为项羽式的人物，而是要忍辱负重，利用国家放开股票期权的大好时机，在股市中卷土重来！

所以笔者希望能给看到本书的投资者以卷土重来的机会，笔者也相信此书会帮助投资者东山再起！

当然了，你也可以做个刘邦式的英雄，和笔者联系，看看笔者能否帮你东山再起！

连　升

于深圳